O QUE É DEUS
Como pensar o divino

Coleção Espaço filosófico

À escuta do Outro: filosofia e revelação — Bruno Forte

A impossível teodicéia: a crise da fé em Deus e o problema do mal — Juan Antonio Estrada

Esperança: lógica do impossível – Orazio Francesco Piazza

O que é Deus: como pensar o divino – John F. Haught

John F. Haught

O QUE É DEUS
Como pensar o divino

Dados Internacionais de Catalogação na Publicação (CIP)
(Câmara Brasileira do Livro, SP, Brasil)

Haught, John F.
O que é Deus? : como pensar o divino / John F. Haught ; [tradução Marisa do Nascimento Paro
e Jonas Pereira dos Santos]. — São Paulo : Paulinas, 2004. — (Coleção espaço filosófico)

Título original: What is God? : how to think about the divine
Bibliografia.
ISBN 85-356-1350-1

1. Deus 2. Deus – Experiência (Religião) 3. Mistério I. Título. II. Série.

04-3797   CDD-231

Índice para catálogo sistemático:
1. Deus : Teologia   231

Título original da obra: *WHAT IS GOD?* How to think about the divine
© John F. Haught
Paulist Press, New Jersey, 1986

Direção-geral: *Flávia Reginatto*
Editora responsável: *Vera Ivanise Bombonatto*
Assistente de edição: *Valentina Vettorazzo*
Tradução: *Marisa do Nascimento Paro*
e Jonas Pereira dos Santos
Copidesque: *Jonas Pereira dos Santos*
Coordenação de revisão: *Andréia Schweitzer*
Revisão: *Leonilda Menossi e Anoar Jarbas Provenzi*
Direção de arte: *Irma Cipriani*
Gerente de produção: *Felício Calegaro Neto*
Capa e editoração eletrônica: *Everson de Paula*

---

*Nenhuma parte desta obra poderá ser reproduzida ou transmitida por
qualquer forma e/ou quaisquer meios (eletrônico ou mecânico, incluindo
fotocópia e gravação) ou arquivada em qualquer sistema ou banco
de dados sem permissão escrita da Editora. Direitos reservados.*

Paulinas
Rua Pedro de Toledo, 164
04039-000 — São Paulo — SP (Brasil)
Tel.: (11) 2125-3549 — Fax.: (11) 2125-3548
http://www.paulinas.org.br — editora@paulinas.org.br
Telemarketing e SAC: 0800-7010081
© Pia Sociedade Filhas de São Paulo — São Paulo, 2004

*A meus colegas
do Departamento de Teologia
de Georgetown*

INTRODUÇÃO

Não perguntemos de imediato "quem" é Deus, e sim "o que" é Deus. "O que é Deus?", no entanto, pode parecer uma questão peculiar. Para muitos teístas, pelo menos, afigura-se mais natural perguntar "quem" Deus é. Decerto, é dessa forma que a religião bíblica formula a questão, por exemplo, quando Moisés pergunta: "Quem devo dizer que me enviou?". O sentimento de Deus como sujeito pessoal constitui um fator preponderante na experiência religiosa ocidental.

A perspectiva da investigação crítica, contudo, deve indagar "o quê?". Os pensadores formulam questões como "O que é a natureza?", "O que é o homem?", "O que é o tempo?", "O que é o espaço?", "O que é a história?", "O que é o universo?" etc. Não podem deixar de perguntar também "O que é Deus?".

A temática deste livro é como *pensar* acerca de Deus. Deus não é algo em que se possa pensar facilmente, e muito menos ainda escrever. Se estamos interessados em discorrer a respeito de Deus, é porque provavelmente temos alguma "sensação", alguma "premonição", um "senso" ou "intuição" do que é referido como Deus. Sentimentos, premonições e sensações ainda não são, todavia, o que entendo por pensamento. Muito embora o termo possa ter aplicação mais ampla, por pensamento refiro-me aqui ao modo *teórico* de consciência. Por consciência teórica aludo ao tipo de cognição em que recuamos da imediaticidade de uma experiência e situamos essa experiência em uma moldura conceitual. Uma vez que tenhamos inserido nossa experiência imediata em tal arcabouço de idéias, a experiência original pode ser-nos mediada de uma maneira que nos permite relacioná-la com outras experiências e idéias.

Há "pensadores" religiosos para os quais Deus só pode ser abordado como sujeito, e não enquanto objeto do pensamento humano. Todo encontro possível com o divino, afirmam eles, só pode ocorrer na adoração e na oração, mas não em tentativas teóricas de descrever como Deus pode ser. E há fortes elementos em apoio a essa "teologia negativa", seja nas tradições religiosas orientais, seja nas ocidentais. Tais tradições ensinam-nos que podemos dizer o que Deus *não* é, mas não o que Deus é.

Por outro lado, aspectos igualmente persuasivos das tradições teológicas reiteram a possibilidade de alguma espécie de referência positiva ao divino, muito embora, evidentemente, nossa linguagem seja sempre, na melhor das hipóteses, inadequada. Essa "teologia positiva" permite-nos pelo menos a utilização de analogias em nosso discurso acerca daquele que é impensável. O simbolismo religioso, empregado por todas as tradições, já é uma linguagem analógica, e tal simbolismo inevitavelmente suscita-nos a necessidade de pensar e de teorizar a respeito de seu referente. Por conseguinte, desde que tenhamos sempre em mente as deficiências de nossas metáforas e idéias acerca da realidade última, podemos e somos mesmo chamados a *pensar* a respeito do divino.

A idéia de Deus não é uma invenção da teoria, e sm o produto de uma modalidade única de experiência. Os filósofos não inventaram o conceito de Deus. Essa noção chegou ao plano da consciência humana e introduziu-se no âmbito da história pela mediação da vida espontânea das pessoas religiosas. A linguagem original em que se manifestou o conceito de Deus é a do símbolo e do mito, tendo-se implementado em rituais e outros tipos de atividade humana bem antes de tornar-se tema de discussão filosófica ou teológica. Por conseguinte, qualquer reflexão que façamos em nosso modo teórico deve referir-se continuamente a essas expressões "ingênuas". Pois é possível que nessas fontes simbólicas exista uma plenitude sempre renovável de sentido, capaz de continuar a nutrir nosso pensamento em todas as épocas, não importa quão cientificamente inclinados possamos tornar-nos.[1]

Mesmo essa consideração, entretanto, não é suficiente para qualquer tentativa de pensar acerca de Deus, pois toda reflexão teórica significativa a respeito da idéia de Deus deve levar igualmente em conta nossa própria experiência. Devemos perguntar-nos se existe algo identificável na experiência de *todos* nós, e não apenas na dos religiosos, a que o nome "Deus" possivelmente se refira. A menos que exista alguma base comum de referência quando se fala do divino, tal discurso pode revelar-se humanamente desprovido de sentido. Se, na

---

[1]　Ver Ricoeur, Paul. *The Symbolism of Evil*. Trad. para o inglês: E. Buchanan. Boston, Beacon Press, 1967. p. 350.

experiência comum do dia-a-dia, as pessoas já não têm pelo menos uma vaga idéia do âmbito da realidade a que o nome "Deus" possivelmente alude, então parece absolutamente fora de propósito falar-lhes a respeito do divino. Para que faça algum sentido, nosso discurso deve lançar luz sobre certa dimensão que já tenha sido pelo menos intuída por aqueles a quem nos dirigimos, pois do contrário nossas palavras serão inteiramente desprovidas de significado. Entretanto, existe alguma esfera comum da experiência humana que talvez possa ser iluminada por nosso discurso acerca de "Deus"?

Tornou-se uma questão discutível se o termo "Deus" faz referência a algum aspecto realista de nossa experiência. Os pensadores céticos sugerem que devemos resignar-nos, a essa altura de nossa história, à conjetura de que todo discurso sobre Deus é obsoleto, um resquício da infância da humanidade, mera projeção da racionalização do desejo, o produto de condições socioeconômicas opressivas, ou um substituto da ignorância e da fraqueza humanas. O livro que se tem em mãos agora foi escrito para todas aquelas pessoas que possam ter sido tentadas a adotar um ou outro aspecto dessa suspeição. Esse contingente inclui não apenas os céticos, mas também aqueles indivíduos que se consideram religiosos, pois mesmo estes últimos, se forem honestos, haverão de admitir que as possibilidades mencionadas também lhes passaram pela cabeça, pelo menos ocasionalmente.

Neste livro, sugerirei cinco maneiras de pensar Deus em termos realistas. Proporei que o termo "Deus" não precisa ser erroneamente concebido como se fizesse referência a algo alheio às dimensões mais profundas de nossa experiência humana comum. E argumentarei que o referente desse nome é aquilo que *todos* nós, em uma ou outra medida, já experienciamos, bem como aquilo que todos ansiamos experienciar, ainda mais intimamente, nos estratos medulares de nosso ser. Se cada um de nós pudesse escavar as camadas mais profundas do próprio desejo, "Deus" faria sentido como termo apropriado para o objeto desse desejo. Se isso parece fácil demais, na medida em que o mero desejo de algo não constitui absolutamente uma evidência de sua realidade, irei mais longe. No capítulo 5, proporei que, se entrarmos em contato honestamente com o nível *mais profundo* de nosso desejo, a idéia de Deus poderá então ser afirmada não apenas como satisfatória, mas também como verdadeira.

Hoje, entretanto, discute-se seriamente entre cientistas, filósofos e muitas outras pessoas inteligentes se a palavra "Deus" refere-se de fato a alguma

O QUE É DEUS?

dimensão genuinamente real de nossa experiência. A suspeita que se encontra nas obras de Nietzsche, Marx e Freud é compartilhada por muitos intelectuais na atualidade. E ocorreu a muitas pessoas sérias e sinceras que discorrer acerca de Deus é, na melhor das hipóteses, pouco mais que um palavrório reconfortante e, na pior, uma dissimulação da fraqueza humana ou do egoísmo ideológico. Dada a maneira como a idéia de Deus costuma ser empregada por diversas pessoas "religiosas", tal suspeita com freqüência é justificada. Mas o termo "Deus" pode significar muito mais que isso, e tentarei indicar diversas formas pelas quais, sem sacrifício de nossas faculdades críticas, podemos encontrar um referente para esse nome no horizonte de nossa própria experiência.

Remeter-me-ei a essa situação de transcendência pedindo ao leitor que reflita sobre cinco aspectos comuns de sua própria vivência: a experiência que tem da profundidade, do futuro, da liberdade, da beleza e da verdade. Em uma ou outra medida, todos nós experienciamos essas realidades, muito embora, de certa forma, também permaneçam além de nossa compreensão. Enquanto existe algo inegavelmente "real" no tocante a todos esses aspectos da existência consciente, também há algo de elusivo a seu respeito. Por um lado, aspiramos a essas realidades eminentes, mas, por outro, achamos que nos excedem, razão pela qual desviamos a face para evitar sua luz ofuscante. Se refletirmos sobre a atitude de ambivalência que manifestamos para com essas dimensões da experiência, poderemos descobrir um padrão idêntico àquele que os pesquisadores detectam nos estudos que realizam sobre a forma como as pessoas religiosas reagem ao sentimento do "sagrado". Muito embora, nos dias de hoje, o sagrado não constitua um ingrediente explícito da experiência de certas pessoas – certamente ainda parece explícito na da maioria dos não-intelectuais –, há algo, contudo, no escopo de sua consciência que ainda se manifesta de forma idêntica ao que Rudolf Otto chamou de *mysterium tremendum et fascinans*.[2] Há muita coisa questionável na famosa análise que Otto fez da experiência religiosa. Penso, no entanto, que a caracterização que esse estudioso propõe para as respostas ambivalentes que esboçamos em relação às dimensões inefáveis de nossa existência é fundamentalmente correta. Reagimos à profundidade, ao futuro, à liberdade, à beleza e à verdade da mesma maneira como o *homo religiosus* de

---

[2] OTTO, Rudolf. *The Idea of the Holy.* Trad. para o inglês: John W. Harvey. 2. ed. New York, Oxford University Press, 1950. pp. 5-11.

10

Rudolf Otto reage ao "sagrado". Experienciamos essas realidades sobretudo como *mysteria*, ou seja, como incompreensíveis, irresistíveis e majestáticas. Evocam em nós um sentimento de temor e tremor. Em segundo lugar, são *tremenda*, pelas terríveis exigências que nos fazem, razão pela qual, compreensivelmente, recuamos à sua vista, temendo perder-nos na hipótese de plena rendição a essas realidades. Por fim, no entanto, são *fascinosa*, pela aura que em última instância manifestam como algo que atrai, fascina, seduz e satisfaz. São dotadas das mesmas características que Otto identificou na experiência religiosa do sagrado. A meu ver, a análise desse estudioso ainda é adequada a uma compreensão dos cinco elementos que focalizaremos nos capítulos subseqüentes.

Quando ouvem a palavra "Deus", no entanto, as pessoas costumam associá-la a uma imagem semelhante à humana, dotada de "personalidade" cósmica. Um dos problemas mais difíceis na discussão filosófica e teológica consiste em saber se é adequado pensar Deus em termos pessoais e, em caso positivo, de acordo com que gênero específico. Muitas pessoas sentem-se intelectualmente desconfortáveis em relação ao aspecto antropomórfico e, em uma era científica, ao caráter aparentemente irracional da crença em um Deus pessoal. Quanto a isso, podemos recordar que Albert Einstein rejeitava a idéia de um Deus pessoal por considerá-la uma superstição primitiva. Muito embora se considerasse "religioso", no sentido de adotar uma atitude de submissão reverencial ao caráter misterioso do universo, o renomado físico não conseguia compatibilizar a "personalidade" de Deus com a concepção que tinha da ciência moderna. Por outro lado, muitos fiéis acham difícil relacionar-se com um princípio cósmico que se afigure de todo impessoal.

Não tenho competência para tratar das complexidades envolvidas nessa questão. Procederei, no entanto, com base na pressuposição de que uma realidade transcendente que não seja minimamente dotada dos atributos constitutivos da dignidade da pessoa humana, ou seja, algo como inteligência, sentimento, liberdade, poder, iniciativa, criatividade etc. –, ainda que em grau elevado –, não poderia inspirar, adequadamente, confiança ou reverência nos seres humanos. Nesse sentido, Deus teria de ser "pessoal" para ser Deus. É duvidoso que os fiéis possam contentar-se inteiramente, em termos religiosos, com a submissão a algo dotado de menos essência do que eles próprios, ou seja, a algo que não detenha pelo menos o estatuto de personalidade, a mais intensa forma de ser de que temos certa experiência direta.

Ao mesmo tempo, no entanto, a personalidade tampouco expressa plenamente o que entendemos por Deus. Também há um aspecto transpessoal ou superpessoal em Deus, segundo as principais correntes das diversas tradições religiosas. As religiões costumam aludir a um aspecto da divindade que não pode ser adequadamente representado na imagética personalista. E é esse lado do "pensamento" acerca de Deus que pretendo esclarecer. Tenho de enfatizar esse aspecto para que se compreenda melhor o principal problema associado ao discurso sobre Deus: sua aparente ausência e inacessibilidade.

No decorrer dos capítulos subseqüentes, procurarei enfocar a espinhosa questão sempre presente tanto para os que crêem como para os que não crêem, e que diz respeito à ausência divina: se Deus é uma realidade, por que tal realidade é tão inacessível, tão indemonstrável, tão esquiva? Por que, como questionou Freud, aquilo que se reveste de tamanha importância para os fiéis, ou seja, Deus, há que ser tão desprovido de visibilidade imediata quer a eles próprios, quer àqueles que não acreditam? Sustentarei que um exame da dimensão transcendental da vida de Deus, a vertente do ser de Deus que não pode ser inteiramente representada em termos personalistas, pode auxiliar-nos a entender melhor o "escândalo" da ocultação divina.

Por conseguinte, referir-me-ei menos a "Deus" que "ao divino". Frisarei mais o "neutro" do que as imagens masculina e feminina evocadas pelo simbolismo religioso. Parece importante que contrabalancemos essa imagética antropomórfica com uma linguagem neutra se nosso tema diz respeito ao "quê" de Deus. Hans-Georg Gadamer relata que seu mestre, o grande filósofo Martin Heidegger, certa vez observou: "Quem é Deus? Talvez isso esteja além das possibilidades de nossa indagação. Mas o que é Deus? Eis o que devemos perguntar". E Gadamer pensa que essa atenção à expressão neutra "o divino" pode dar amplitude a nossas idéias de transcendência:

> Observe o neutro: "o divino". Penso que o neutro é uma das coisas mais misteriosas na linguagem humana, onde quer que seja preservado. O alemão e o grego têm a excelência de preservar o neutro. O neutro ocorre com muita freqüência na poesia. Que é o neutro? O emprego do neutro – por exemplo, "o belo"; em alemão *das Schoene*; em grego *to kalon* – expressa algo de presença inapreensível. Já não é "este" ou "aquele", masculino ou feminino, aqui ou ali; é como ocupar o espaço vazio... O neutro

INTRODUÇÃO

representa de certa forma a plenitude da presença, a onipresença de alguma coisa. Por conseguinte, o divino é efetivamente uma expressão dessa onipresença.[3]

Conseqüentemente, representarei "o divino" por meio de aspectos genéricos de nossa experiência, tais como profundidade, futuro, liberdade, beleza e verdade. Pensar o contexto último de nossa existência em termos de neutro parece necessário, se devemos evitar idéias indevidamente estreitas da suprema realidade. Existe uma forte tentação, em todas as religiões históricas, no sentido de reduzir suas noções de Deus a proporções antropomórficas administráveis, em proveito do fácil acesso e até mesmo do controle da divindade. Dessa forma, uma ênfase no neutro, em nossa reflexão acerca de Deus, conquanto inadequada em si mesma, é um corretivo necessário para uma compreensão personalista unidimensional.

Uma outra razão mais imediata para nossa ênfase no neutro decorre das discussões contemporâneas entre teístas, concernentes à masculinidade ou à feminilidade de Deus. Por vezes essas discussões tornam-se acaloradas, chegando às raias da hostilidade, e conjetura-se se importantes aspectos do divino talvez não sejam excluídos das alternativas oferecidas. Embora seja importante, a controvérsia pode desviar-nos momentaneamente do fato de que aspectos significativos de nossa reflexão acerca de Deus não exigem que optemos por um ou outro dos dois sexos como nosso modelo primário de simbolização da divindade. Transcender toda a problemática do gênero constitui o horizonte abrangente do "mistério" a que os capítulos subseqüentes tentarão proporcionar uma simples introdução. Especialmente hoje, quando a questão da sexualidade de Deus tornou-se tão proeminente no debate teológico, é importante que não nos esqueçamos de que nossa busca de profundidade, de futuro, de liberdade, de beleza e de verdade é mais fundamental do que a preocupação especificamente teísta sobre se Deus deve ser compreendido como masculino ou feminino.

Por fim, abordarei também de que maneira, à luz de nossas cinco formas de contemplar a idéia de Deus, devemos entender o fenômeno igualmente complexo chamado "religião". Cada um dos cinco capítulos ulteriores encarregar-se-á

---

[3] GADAMER, Hans-Georg. Articulating Transcendence. In: *The Beginning and the Beyond*. Fred Lauwrence (org.). Chico, California, Scholars Press, 1984. p. 5.

de três tarefas: em primeiro lugar, estabelecerá uma discussão teórica sobre a idéia de Deus em termos de dimensão específica de nossa experiência humana; em segundo, fará que se compreenda por que Deus não deve figurar como um objeto dentre outros no contexto desse campo de experiência, ou seja, por que Deus é, por definição, inacessível a qualquer controle verificacional; em terceiro lugar, contribuirá para que cheguemos a um entendimento mais profundo da "religião", à luz da análise que faremos desses aspectos de nossa experiência.

Com relação a esse último elemento, discutirei a religião em termos mais normativos que descritivos. Em outras palavras, apresentarei um quadro idealizado da religião tal como existiria se nossa resposta à realidade última correspondesse à idéia de Deus exposta em cada capítulo. Na atualidade, a religião nem sempre corresponde à sua natureza essencial. Todavia, como meu método não é nem o da história nem o das ciências sociais, não carece que eu sublinhe os desvios ou perversões evidentes que podem ser verificados na vida "religiosa" concreta. De mais a mais, minha discussão acerca da religião será limitada pelo ponto de partida obviamente teísta que adotei. Não obstante, com o intuito de dar amplitude à idéia de Deus, pensando "o divino" em termos neutros, espero que minhas reflexões também sejam capazes de, pelo menos em parte, interpretar igualmente a experiência religiosa não-teísta.

Os capítulos seguintes são uma reelaboração das reflexões de alguns pensadores religiosos importantes do século XX que deram contribuições significativas à nossa compreensão "do divino". Autores renomados como Paul Tillich, Alfred North Whitehead, Paul Ricoeur, Bernard Lonergan, Karl Rahner e inúmeros outros influenciaram as idéias aqui expostas. Estou profundamente em débito com todos eles.

CAPÍTULO I

A PROFUNDIDADE

Ao relacionar-me com outra pessoa, seja quem for, mas sobretudo se se tratar de alguém que amo, posso observar o seguinte: mais cedo ou mais tarde, essa pessoa fará ou dirá alguma coisa que me surpreenderá. Poderá ser algo que me agrade ou que me desaponte. No entanto, se pretender manter meu relacionamento com o "outro", terei de rever minhas impressões a seu respeito. Deverei passar a um nível mais profundo de entendimento do outro. E, tendo-me relacionado com a outra pessoa nesse nível, com o passar do tempo encontrarei cada vez mais ocasião para um maior aprofundamento. Evidentemente, posso recusar-me a olhar mais atentamente, e é provável que na maioria das vezes de fato me recuse. Mas não é preciso grande experiência em relação às outras pessoas para perceber que existe algo sob as aparências de minhas impressões a seu respeito. Os outros não são o que parecem ser. Naturalmente, isso é um truísmo tão óbvio que parece quase banal demais até mesmo sua simples menção. É possível, no entanto, que exista algo mais do que parece à primeira vista. Investiguemos mais a fundo.

Os outros não apenas não são o que aparentam ser, como tal observação se aplica a mim mesmo. Há sempre mais coisa a meu respeito do que o que se acha contido em minhas impressões acerca de mim mesmo. Minha auto-imagem não esgota aquilo que sou. Não preciso ser especialista em psicologia profunda para validar essa observação. Só preciso ter alguma experiência de vida para poder perceber essa verdade. Fazendo uma análise retrospectiva de alguns anos, ou até mesmo de alguns meses ou dias, lembro-me de que pensava saber quem eu era. Novas experiências, todavia, remodelaram minha vida. Novas questões, novos sentimentos e inclinações, novos dramas e fantasias, novas expectativas em relação à minha pessoa passaram a conformar meu perfil. Agora sei que não sou o que pensava ser. Nesse momento, devo admitir que não sou exatamente o que aparento ser a mim mesmo ou aos outros. Por que as coisas se passam dessa forma? Por que os outros não são o que parecem ser? Por que não sou transparente a mim mesmo? Eis uma questão embaraçosa, realmente tão desconcertante que na maioria das vezes prefiro descartá-la. Apego-me às impressões como se fossem verdades fundamentais. Recuso-me a ir mais a fundo. Por quê?

Atentemos ainda para o fato de que o mundo natural e o mundo social manifestam impressões superficiais de si mesmos que nos cabe questionar. Tampouco são o que aparentam ser. No tocante à natureza, a questão se resolve facilmente pelo recurso à ciência. Também a ciência, e não somente a religião, desenvolve-se com base na convicção de que as coisas não são o que parecem ser. Sob o mundo das impressões do senso comum, por exemplo, encontra-se um universo submicroscópico de ocorrências físicas "contra-intuitivas" que não conseguimos visualizar e nem mesmo imaginar. E nas galáxias que se estendem para além de nós existem riquezas igualmente inescrutáveis de fenômenos físicos que, se fôssemos capazes de entendê-los, revelariam nosso mundo de aparências e impressões imediatas como um véu de superficialidade. Apesar disso, recuamos diante do abismo que se encontra por baixo da superfície do conhecimento atual e vivemos sob a ilusão de que nossas impressões sensoriais ou nossas experiências comuns a respeito do espaço e do tempo são absolutamente válidas. Até os cientistas tendem a apegar-se com tenacidade a seus paradigmas e modelos favoritos, no esforço por domesticar a tempestuosa voz interior da ciência: "As coisas não são o que parecem ser", – mesmo depois de aprofundarmos mais e mais nossa compreensão. A questão, portanto, continua a instigar-nos: por que as coisas não são o que parecem ser? Que realidade é essa que, em se tratando dos outros, de mim mesmo e da natureza, escapa sempre ao pleno desvelamento? Por que é de tal sorte que o que ontem parecia profundo hoje se revela trivial, ou o que inicialmente me causava impressão de profundidade agora me parece superficial? Com que espécie de universo estamos lidando, se não se esgota nas impressões que temos a seu respeito?

E há também o mundo social das instituições, da política, das estruturas econômicas e sua história. Nesse mundo que partilhamos com outras pessoas, podemos, uma vez mais, experienciar a superficialidade de nossas impressões acerca das coisas. Muito embora povos e nações possam sobreviver durante anos e até mesmo durante séculos na pressuposição de que suas próprias concepções culturais e sociais e suas experiências são universalmente normativas, mais cedo ou mais tarde os acontecimentos históricos irão desafiar seriamente esse preconceito. Haverá fortes resistências à reavaliação de perspectivas, e os povos chegarão mesmo a guerrear para defender a finalidade alegada de sua cultura, de sua política ou de sua economia. Por fim, no entanto, terão de confessar: "Não somos o que pensávamos ser. As concepções que tínhamos a nosso próprio respeito eram superficiais e enganosas. Temos de repensar o que somos como sociedade". Dessa forma, a partir de um novo ponto de vista, pelo menos ocasionalmente, poderão surpreender-se, avaliando-se em retrospectiva, com a falta de sensibilidade que tinham com relação à própria vida social e política.

Retomemos, portanto, nossa questão inicial: por que razão, no que diz respeito aos outros, a mim mesmo, à natureza e à sociedade, as coisas nunca são exatamente o que parecem ser? Segundo Paul Tillich, porque sob sua superfície encontra-se uma infinita e inexaurível *dimensão de profundidade.*[4] Muitas pessoas talvez se contentem em chamá-la de dimensão do mistério. Esse termo, no entanto, a exemplo do que ocorreu com o próprio "Deus", perdeu seu significado para muita gente. Por esse motivo, talvez convenha, neste contexto, denominar essa dimensão de inexauribilidade que se encontra por baixo da superfície de nossas impressões simplesmente de profundidade da existência, profundidade da realidade, profundidade do universo.

Em sua famosa meditação, "The Depth of Existence" [A profundidade da existência], Tillich observa que a sabedoria de todos os tempos e continentes fala-nos sobre a via conducente a essa profundidade. O que confere autoridade aos grandes clássicos da filosofia, da literatura e da religião, de geração em geração, é o fato de que são a expressão de uma jornada rumo à profundidade empreendida por indivíduos ou povos sinceros e interessados, ao longo da história. A razão pela qual ainda hoje prendem nossa atenção é que neles percebemos o apelo a uma profunda dimensão que promete infundir mais substância a nossas vidas do que o que encontramos na superfície. Acenam-nos com a

---

[4] TILLICH, Paul. *The Shaking of the Foundations.* New York, Charles Scribner's Sons. pp. 52-63. Todo este capítulo é um desenvolvimento das idéias sugeridas por esse importante sermão de Tillich.

possibilidade de enriquecimento de nossa existência; sugerem que podemos ser tomados de um inesperado contentamento em relação à vida, se nos dispusermos a acompanhá-los no difícil, mas recompensador, caminho que conduz à profundidade. Todos aqueles cujas existência e vivências foram marcadas pelos grandes clássicos dão testemunho dessa mesma experiência:

> Perceberam que não eram o que acreditavam ser, mesmo após surgir-lhes um nível mais profundo por sob a evanescente superfície. Esse próprio nível mais profundo tornou-se superficial quando uma camada ainda mais profunda foi descoberta, e assim sucessivamente, enquanto viviam a própria vida, enquanto se mantinham a caminho da profundidade.[5]

Que nome podemos dar então a essa dimensão de profundidade?

> O nome dessa infinita e inexaurível profundidade.... é *Deus*. Essa profundidade é o que a palavra *Deus* designa. Se essa palavra não lhe for muito significativa, traduza-a, e fale das profundidades de sua vida.. Para tanto, talvez tenha de esquecer tudo o que tradicionalmente aprendeu acerca de Deus, é provável que tenha de esquecer até mesmo essa própria palavra. Pois, se souber que Deus significa profundidade, muito saberá a respeito dele. Já não poderá denominar-se ateu ou incrédulo. Pois não terá como pensar ou dizer: a vida não tem profundidade alguma! A própria vida é superficial. O ser em si é pura superfície. Se pudesse afirmar isso com toda a seriedade, seria ateu; caso contrário, não. Quem conhece a profundidade, conhece Deus.[6]

Essa dimensão de profundidade, portanto, será a primeira das cinco idéias nos termos das quais sugeriria que refletíssemos acerca do divino.

Que haverá na experiência de todos nós a que a palavra "Deus" possa fazer referência? A resposta de Tillich é que "Deus" é um nome para a dimensão de profundidade que todos nós experienciamos em um ou outro grau, mesmo que apenas no modo de fuga dessa dimensão. Experienciamos verdadeiramente a profundidade mesmo quando achamos impossível focalizá-la como se fosse apenas um outro objeto da visão ou da pesquisa científica. A profundidade

---

[5] Ibidem, p. 56.

[6] Ibidem, p. 57.

manifesta-se mais como o *horizonte* de nossa experiência do que como um objeto direto seu. Sua aparente intangibilidade é plenamente compatível com o fato de ser a própria condição de toda a nossa experiência. Como veremos mais detalhadamente no decorrer da exposição, talvez essa observação possa ajudar-nos a interpretar e a tolerar a aparente ausência de Deus. Da mesma forma como o horizonte geográfico nos é inacessível por recuar à medida que avançamos em nossa exploração, assim também Deus deve ser compreendido em parte como o horizonte último da totalidade de nossa experiência, sempre se retraindo, englobando, iluminando, mas sem nunca deixar-se capturar por nossa tentativa de compreensão. Mas será que pelo fato de pensarmos o divino como "horizonte" último, e não como objeto controlável da experiência, reduzimos o senso que temos de sua realidade?

Existe uma dimensão fundamental da experiência humana que possui a característica peculiar de ser densa e, permitam-me dizer, *real demais* para ser banalizada como objeto específico sujeito a nosso exame compreensivo. É mais apropriado dizer que essa dimensão nos compreende, e não nós a ela. Experienciamos tal dimensão como realidade ainda que seja inacessível a nosso controle verificacional. Frustrados por não conseguir compreendê-la, podemos nos sentir tentados a negar que afinal exista, mas essa é uma negação fútil. Tudo o que temos de fazer é recordar-nos daqueles momentos de nossa vida interior, de nossos relacionamentos interpessoais, com a natureza e com a sociedade, em que fomos sacudidos da superfície por algo que nos fugiu ao controle. Talvez tenhamos chamado essa ocorrência de "destino" ou de "circunstância", e possivelmente tenhamos proferido imprecações ou procurado reprimi-la. Seria difícil, no entanto, negar que houve algo eminentemente real no tocante à experiência. É como se alguma coisa maior que nós ou nossa vida, ou maior mesmo que nosso período histórico, arrebatasse-nos em seu abraço, muito embora possamos ter sido levados a imaginar esses acontecimentos como de todo impessoais, e de modo algum como evidência de uma espécie de solicitude divina que rege providencialmente o curso de nossa vida ou da história. Consideradas isoladamente, essas experiências podem ter constituído para nós uma evidência suficiente da indiferença fundamental do universo para conosco.

Mas também podem ter ocorrido alguns momentos, depois de haver experienciado esses "terremotos", em que nos encontramos em uma base mais sólida do que anteriormente. A experiência do "destino" também pode conduzir

O QUE É DEUS?

a um maior "embasamento" na realidade. Podemos ter chegado mesmo ao ponto de agradecer pelas agruras por que passamos, contanto que se hajam transmutado em oportunidades de crescimento e de realização para além da mera gratificação.[7] É possível que tais dificuldades tenham-nos permitido experienciar uma nova dimensão de nós mesmos e da realidade. Em decorrência desses cataclismos, sentimo-nos imbuídos de uma coragem que nos transmite a sensação mais profunda de que estamos vivos. A dimensão da profundidade, portanto, é ambígua. É a um só tempo aterradora e profundamente gratificante. Nas palavras de Rudolf Otto, é um *mysterium tremendum et fascinans.*

A experiência da profundidade tem duas faces.[8] É abismo e sustentáculo a um só tempo. A dimensão da profundidade em que se assenta a superfície de nossa vida inicialmente se nos apresenta como *abismo.* Instintivamente recuamos à vista de um abismo, pelo que tem de insondável, de abissalidade, por ser um vazio aparentemente sem fundo. Precipitar-se em seu interior equivaleria à própria perdição. Essa é a face primeira com que a profundidade se apresenta a nós. É um nada indutor de angústia que parece ameaçar nosso próprio ser.

Poderemos ter uma idéia mais palpável do que esse abismo significa se invocarmos o espectro da solidão absoluta, se nos imaginarmos sem o amparo das pessoas, da posição social ou dos bens materiais. Provavelmente não exista algo mais aterrador para os humanos, ou algo de que procuramos escapar a qualquer custo, do que a solidão. Uma das razões pelas quais a morte nos causa angústia é o fato de tratar-se de uma ocorrência que temos de enfrentar em estado de completa solidão. Por esse motivo tendemos a evitar a ameaça da morte, de par com outras ameaças "existenciais", como a falta de sentido e a culpa, na medida em que significa uma insuportável solidão. Preenchemos nossa vida com coisas, pessoas e atividades que parecem nos oferecer um refúgio contra o abismo da solidão.

Que ocorreria então se nos deixássemos precipitar no abismo, ou se a isso fôssemos forçados pelas "circunstâncias"? Uma vez mais, a sabedoria dos

---

[7] Sobre a distinção entre uma consolação baseada no princípio de prazer e a sensação de contentamento que vai além da "consolação", ver: RICOEUR, Paul. *The Conflict of Interpretations.* Don Ihde (org.). Evanston, Northwestern University Press, 1974. pp. 464-467.

[8] Paul Tillich desenvolve as idéias de abismo e de sustentáculo especialmente em seu *Systematic Theology,* v. I e II (Chicago, University of Chicago Press, 1951, 1957).

que buscam a profundidade, cujos discernimentos se acham inscritos nos textos clássicos de nossas grandes tradições, transmite-nos algum tipo de encorajamento que vale a pena ponderar. Falam-nos reiteradamente, quer por meio das narrativas míticas, quer pela via direta do discurso filosófico e teológico, da existência de uma outra vertente da profundidade. A profundidade se nos revelará não apenas como abismo, mas também como *sustentáculo*. Em derradeira análise, a profundidade é sustentáculo fundamental, segurança absoluta, amor irrestrito, solicitude eterna. Em comparação com esse sustentáculo último de nossa existência, dizem-nos, nossos suportes comuns são superficiais, ou no mínimo inadequados. Conseqüentemente, não há por que temer perder o controle sobre esses suportes, deixando-nos arrebatar pelas profundezas de nossa vida. Se nos sentimos encorajados a abrir-nos à profundidade, a aceitar nossa solidão, é porque existe um fundamento *último* para nossa existência, uma companhia última em nossa solidão. O abismo é apenas uma vertente da experiência de profundidade, e somos tentados a pensar, a exemplo de alguns filósofos importantes, como Nietzsche, Sartre e Camus, que se trata da única vertente. Muitos filósofos, e a maioria das tradições religiosas, no entanto, reiteram que a última palavra sobre a profundidade é "confiabilidade".[9] Nos termos de Tillich, é o "fundamento de nosso ser".

Uma vívida expressão desse sentimento de que existe um fundamento salvífico último em meio ao abismo de solidão da profundidade é dada por Oscar Wilde, no relato autobiográfico que faz de seu encarceramento:

> Suportei tudo com obstinação de vontade e muita revolta da natureza, até não deixar absolutamente nada no mundo, exceto uma coisa. Perdi meu nome, minha posição, minha felicidade, minha liberdade, meus bens. Tornei-me prisioneiro e indigente. Mas ainda restavam meus filhos. Repentinamente, foram-me tomados pela lei. Foi um golpe tão consternador que não sabia o que fazer. Assim, caí de joelhos, inclinei a cabeça, chorei e disse: "O corpo de uma criança é como o corpo do Senhor: não sou digno de nenhum dos dois". Esse momento pareceu salvar-me. Percebi então que não me restava outra alternativa senão aceitar tudo. A partir daí – curioso como certamente soará – tornei-me mais feliz. Evidentemente, foi minha

---

[9] Cf. OGDEN, Schubert. *The Reality of God*. New York, Harper & Row, 1977. pp. 34-38.

alma, em sua essência fundamental, que eu atingi. De várias formas eu fora seu inimigo, mas a encontrei à minha espera como um amigo.[10]

Essa citação foi extraída da carta *De profundis* [literalmente, "das profundezas"], escrita por Oscar Wilde. Tem uma qualidade decididamente "religiosa", mas o testemunho dessa mesma experiência de que existe um fundamento na outra extremidade do abismo também pode ser encontrado até nos escritos daqueles pensadores que absolutizaram o vazio e rejeitaram a realidade de qualquer sentido último. É o caso de Nietzsche, por exemplo, quando teve a horrenda visão do eterno retorno – segundo o qual todos os momentos da experiência estão fadados a repetir-se por um número infinito de vezes. Referiu-se então a algo em si mesmo a que deu o nome de "coragem", o que, segundo ele, lhe permitiu aceitar a visão que teve desse abismo.[11] Tal experiência implica que existe algo mais na profundidade do que apenas abismo. Existe também a coragem de aceitar o abismo. Embora não discuta a proveniência dessa coragem, a sensação que Nietzsche tem de sua presença sugere algo que se assemelha a um fundamento existente nas profundezas do abismo. Sensível, Nietzsche percebeu, por sob sua cultura e sua própria vida, um terrível vazio, mas também lhe pareceu impossível erradicar a esperança de um novo começo. Tal esperança é inseparável de, pelo menos, uma impressão inarticulada de fundamento.

É esse fundamento de coragem, atestado até por pensadores ateus sérios, que nos ajuda em parte a indicar o que entendemos por Deus. É possível que o leitor já tenha passado por situações em sua vida nas quais, ao enfrentar um desafio aparentemente insuperável, sentiu-se repentinamente impregnado por um fluxo de energia que lhe permitiu seguir em frente. Em experiências desse tipo é possível que experimentemos uma onda de vitalidade que nos falta em momentos não tão dramáticos. O significado da palavra "Deus" pode ser sugerido, pelo menos em parte, quando nos perguntamos pela procedência dessa coragem e dessa vitalidade.[12]

---

[10] WILDE, Oscar. *De profundis*. New York, Philosophical Library, 1950. p. 98 [ed. bras.: *De profundis*. Porto Alegre, L&PM Editores, 1982.].

[11] NIETZSCHE, Friedrich. *Thus Spoke Zarathustra*. Trad. para o inglês: Walter Kaufmann. New York, Penguin Books, 1978. pp. 156-157 [ed. bras.: *Assim falou Zaratustra*; Um livro para todos e para ninguém. 2. ed. Rio de Janeiro, Civilização Brasileira, 1981]: "Mas existe algo em mim a que dou o nome de coragem, que até agora extinguiu todo o meu desencorajamento... A coragem também extingue a vertigem à beira dos precipícios: e onde o homem não está à beira do precipício? Será que ver sempre – não é ver abismos?".

[12] Ver TILLICH, Paul. *The Courage To Be*. New Haven, Yale University Press, 1953. Mais adiante, discutirei por que uma fonte "última" de coragem deve ser postulada.

A ausência de Deus

Um dos mais persistentes aspectos do "problema de Deus" é que não existe evidência desprovida de ambigüidade, em nossa experiência comum, de qualquer presença divina providencial e transcendente. Muitos dos chamados ateus apontam para esse fato e se perguntam como uma pessoa realmente inteligente pode ser fiel. Nossa posição aqui, no entanto, é que a realidade de Deus é não menos suscetível de validação imediata do que a dimensão de profundidade subjacente a todas as impressões que o mundo nos causa. Por conseguinte, que Deus não seja facilmente acessível a nossos sentidos ou a nossos caprichos e desejos não deveria ser mais motivo de escândalo do que o fato de a dimensão de profundidade não se sujeitar a nosso controle geral. Que Deus não possa ser enfocado objetivamente não é algo mais notável do que o fato de a fonte de nossa coragem nem sempre estar tão disponível a nós como os instrumentos e outros objetos manipuláveis de nossa experiência. Deus não é um objeto entre outros em nossa experiência. Pelo contrário, Deus pode ser compreendido como o horizonte último que possibilita sobretudo a totalidade de nossa experiência. Conseqüentemente, talvez não seja apropriado falar de uma "experiência" de Deus, se entendermos "experiência" na acepção comum do termo. A presença de Deus é discreta. O divino não se imiscui no espectro de objetos ou eventos que compõem o conteúdo de nossa experiência comum. Em vez disso, Deus pode ser "pensado" como a profundidade inesgotável e o fundamento sobre o qual se erige a totalidade de nossas experiências. Permanecemos continuamente nessa profundidade sem focalizá-la. Como escapa a nosso conhecimento focal, com freqüência, ou quase sempre, não conseguimos perceber sua presença avassaladora.[13] Todavia, é consistente com sua humildade e seu retraimento que não se imiscua no reino dos objetos vívidos de nossa experiência. É a condição de possibilidade de nossa experiência, e não seu objeto focal. O reino dos objetos que somos capazes de objetivar ou focalizar é acanhado demais para conter a realidade do horizonte transcendente de nossa experiência. Dessa forma, a ausência e a inacessibilidade do divino em relação ao campo dos objetos tangíveis e verificáveis do conhecimento não constituem razão para negar a realidade de Deus.

---

[13] Sobre a distinção entre conhecimento focal e tácito e conhecimento inarticulado por "inabitação", ver: POLANYI, Michael. *The Tacit Dimension.* Garden City, New York, Doubleday Anchor Books, 1967.

A religião

A sabedoria das grandes tradições ensina-nos que a experiência de profundidade freqüentemente ocorre após ou em meio a situações de desespero, infortúnio, empobrecimento, perda, sofrimento e sobretudo de ameaça de morte. Tillich sintetiza essa sabedoria ao dizer que "... não pode haver profundidade sem uma via de acesso à profundidade. A verdade sem uma via de acesso à verdade é morta...".[14] Essa "via de acesso" envolve a experiência da dor e da perda, mas também do júbilo e do êxtase. É só porque intuímos de alguma forma que na profundidade se encontra a alegria, que nos sentimos alentados a nos arremessar ao abismo. Supomos que por baixo da superfície exista algo que não desaponta e que pode acarretar uma espécie de contentamento mais profundo e duradouro do que as formas costumeiras de consolação que buscamos. É esse sentimento que dá origem à religião. A religião é a busca apaixonada de profundidade e de um fundamento último e sólido que dê suporte à nossa existência.

Em termos mais simples, portanto, a religião pode ser compreendida como a busca de profundidade. Àqueles para quem a única função da religião é fornecer respostas, essa pode parecer uma forma insólita e até mesmo inaceitável de compreendê-la. Entretanto, tão logo reconhecemos que a dimensão de profundidade é inesgotável, também devemos confessar que nenhum estágio atual de compreensão pode sequer representar adequadamente tal dimensão. Existe sempre um "algo mais" que permanece infinitamente além do ponto a que já chegamos. Nosso relacionamento com essa profundidade transcendente jamais pode pautar-se pelo sentimento de dominação ou de posse. Com efeito, semelhante tentativa de absorção do horizonte infinito de nossa existência no escopo de nosso conhecimento é explicitamente repudiada por todas as tradições religiosas como desvio da genuína vida. Em vez disso, a atitude apropriada a tomar com relação à profundidade é a de espera e busca.

A religião, todavia, é mais do que busca. É igualmente a *designação* confiante da dimensão de profundidade. É a manifestação jubilosa de um sentimento de que a profundidade irrompeu em nossa vida de uma forma ou de outra. A religião é a expressão simbólica – e por vezes ritualista – da experiência compartilhada dessa profundidade que se tornou transparente à consciência

---

[14] TILLICH, *The Shaking of the Foundations*, cit., p. 55.

humana. A fim de que possamos levar a termo a busca intrépida a que damos o nome de religião, é preciso que já tenhamos pelo menos alguma idéia do que estamos procurando, pois do contrário não seríamos absolutamente instigados a isso. De uma forma ou de outra, a profundidade já se insinuou em nossa vida, ao mesmo tempo em que elusivamente se retraiu na distância. Um modo pelo qual a profundidade se nos dá a conhecer provisoriamente é incorporando-se nos acontecimentos, nas pessoas ou nos aspectos da natureza e da história. Esses elementos funcionam então como *símbolos* que nos inspiram a confiar e que nos motivam a olhar mais fundo. A religião, portanto, é um abandono a esses símbolos e narrativas que nos infundem coragem para buscar mais além.

É um trágico erro da educação religiosa transmitir às pessoas a impressão de que a conversão a um conjunto específico de símbolos e de doutrinas constitui o fim da aventura da vida em direção ao desconhecido. Ao contrário, a "conversão" pode significar uma nova guinada e uma nova confiança na jornada sem fim em direção à profundidade de nossa vida. É o compromisso de empreender a busca com uma confiança irreversível. Tal conversão pode proporcionar-nos uma "certeza" que nos faz querer partilhar nossa confiança com os outros. Dessa maneira, a religião assume um aspecto comunitário, social – e inevitavelmente institucional –, cujo propósito é facilitar, e não impedir, o processo de compartilhamento da experiência de profundidade da realidade. Mas a certeza que partilhamos com os outros jamais deve ser erroneamente entendida como posse, muito embora o seja com freqüência. Uma vez mais, Tillich tem profundas palavras de prudência para aqueles que tentam apropriar-se de Deus, concebido como a profundidade da existência:

> A condição do relacionamento do homem com Deus é sobretudo *não* possuir, *não* buscar, *não* conhecer e *não* apreender. Uma religião em que isso é esquecido, independentemente de quão extática, ativa ou razoável seja, substitui Deus pela própria criação de uma imagem de Deus... Não é fácil suportar esse não possuir Deus, esse esperar por Deus... Pois como Deus pode ser possuído? Será Deus uma coisa que se possa apreender e conhecer em meio a outras coisas? Será Deus menos que uma pessoa humana? Sempre temos de esperar por um ser humano. Mesmo na mais íntima comunhão entre os seres humanos, existe esse aspecto de *não* possuir, de *não* conhecer e de esperar. Por conseguinte, como Deus é infinitamente oculto, livre e incomensurável, devemos esperá-lo da maneira mais absoluta

O QUE É DEUS?

e radical. Ele é Deus para nós na exata medida em que *não* o possuímos. A condição para que tenhamos Deus é *não* possuí-lo.[15]

Essa concepção da existência religiosa reconhece que "não pode haver profundidade sem uma via de acesso à profundidade".[16] A realização de nossos mais profundos anseios não pode ocorrer em um ato instantâneo de consciência, embora talvez uma decisão radical de viver irreversivelmente em espera confiante possa ser do tipo que se verifica em um único momento. A experiência de Deus como profundidade envolve nosso engajamento em um rumo, em uma caminhada, em uma peregrinação, com a plena consciência de que ao final do percurso poderemos ainda ter pela frente uma distância infinita. De todas as possíveis respostas para nossa vida, a espera radical é a mais difícil, a mais árdua, a menos gratificante. Todavia, como diz Tillich, também é a mais realista e a mais satisfatória, a que leva a profundidade mais a sério. Isso não significa que, em razão dessa espera e dessa busca, sejamos privados de forças para suportar jubilosamente o presente:

> Se aguardamos com esperança e paciência, o poder daquilo pelo qual esperamos já se faz efetivo dentro de nós. Quem espera com absoluta seriedade já é alcançado por aquilo por que espera. Quem espera com paciência recebe já o poder daquilo por que espera. Quem espera apaixonadamente, por si só já é um poder ativo, máximo poder de transformação na vida pessoal e histórica. Somos mais fortes quando esperamos do que quando possuímos.[17]

Em suma, se Deus é a profundidade da existência, então a religião é a busca confiante dessa profundidade, tanto quanto a celebração daqueles acontecimentos, pessoas ou ocasiões por cujo intermédio a profundidade irrompe na superfície de nossa vida de maneira excepcional. Para saber se somos ou não religiosos, o teste é simples: basta verificar nosso interesse por essa dimensão de profundidade. E é o grau de seriedade com que formulamos as questões concernentes à realidade última, e não o grau de certeza doutrinária, que determina se nos abandonamos à transcendente profundidade de nossa vida, ou seja, a Deus.

---

[15] Ibidem, pp. 149-151.

[16] Ibidem, p. 55.

[17] Ibidem, p. 151.

CAPÍTULO II

O FUTURO

Uma vez mais, comecemos pelo óbvio. Convidaria o leitor a fazer uma pausa agora e a atentar para a efemeridade deste momento. Perceba como é impossível detê-lo, como escapa à nossa apreensão. Para onde foi? Estava aqui há poucos instantes, mas agora sua presença escoou-se, e um outro presente ocupou-lhe o lugar. Terá resvalado para o nada o momento inicial que evanesceu? Terá perecido por completo? O próprio fato de que podemos evocá-lo, de que ainda persiste em nossa memória, constitui uma evidência de que não pereceu de todo. De uma forma ou de outra ainda vive. O que chamamos de "passado" é o repositório de todos aqueles momentos outrora presentes cuja imediaticidade agora se perdeu para nós e que conservam a permanente condição de "terem sido".

Por ora, no entanto, nosso foco não incide sobre o passado. Sabemos que o momento outrora presente estabeleceu morada definitiva no passado. Mas de onde terá vindo inicialmente? Essa iminência de novidade que se mesclou a uma experiência presente viveu apenas por um momento, e em seguida extinguiu-se. De onde terá vindo? A fonte desse momento de novidade é o que designamos como *futuro*.

Para nós é impossível defini-lo . Não conseguimos detê-lo diante de nós como objeto de apreensão tangível. O futuro evade-se de nossa compreensão. Apesar disso, não temos como deixar de experienciá-lo ou de sofrer sua influência. Não podemos negar que o futuro, mais do que a dimensão de profundidade, é parte de nossa experiência, ainda que não possamos esquadrinhá-lo. Somos constantemente "invadidos", "assoberbados" pelo futuro, "transportados" para ele, ou simplesmente tentamos evitá-lo. Sem dúvida, o futuro é um aspecto inelutável de nossa experiência, e não uma ilusão, muito embora seja intangível demais para tornar-se objeto de nosso exame, da mesma maneira como, por exemplo, um objeto físico diante de nossos olhos. Há algo de muito esquivo em relação ao futuro. Todavia, conquanto não possa ser reificado, há um traço de inevitabilidade nele.

27

Se existe algo em nossa experiência comum que foge de nosso controle é a inexorável conquista do presente pelo futuro. Mais uma vez, trata-se uma observação tão óbvia que dispensa menção. Apesar disso, nossa estratégia, em cada capítulo deste livro, consiste em principiar pelo óbvio. Começamos com aquelas experiências que são tão prosaicas, tão do senso comum, que nos parece difícil até mesmo comentá-las. A futuridade, sem dúvida, é um dos lugares-comuns que se furtam à nossa compreensão focal ordinária. É uma dimensão em que habita nossa consciência sem que costume focalizá-la. Com efeito, seu exame, a exemplo do que ora fazemos, provavelmente distorça a compreensão e o sentimento que dela temos em nossa experiência espontânea. Apesar disso, temos de fazer uma pergunta insólita e estranha a seu respeito: o que é o futuro? Talvez o leitor jamais tenha deparado com uma indagação aparentemente tão inane quanto essa. Afinal, esse tipo de pergunta parece enquadrar-se no mesmo contexto de outras indagações à primeira vista enigmáticas e irrespondíveis, tais como: o que é a matéria? O que é a realidade? O que é a natureza? O que é a verdade? O que é a beleza? Da mesma forma, a pergunta "O que é o futuro?" gera, à primeira vista, pouca expectativa de uma resposta clara e interessante.

Sabiamente, no entanto, podemos acatar a sugestão de Tillich, segundo quem as grandes guinadas na consciência humana ocorrem quando aprendemos a problematizar o que antes dávamos por assente, sem nos questionar a respeito. E esse questionamento geralmente se verifica por ocasião de alguma reviravolta, quando nossos pressupostos não se confirmam. Um súbito interesse por coisas que dávamos por implícitas surge tão logo se evanescem ou são ameaçadas. Como vimos no capítulo anterior, despertamos mais vividamente para a dimensão de profundidade quando de uma forma ou de outra nos falta o fundamento de nossa existência. Com o futuro se passa algo semelhante. Quando nos tornamos presa de nosso passado é que começamos a atentar mais acuradamente para a realidade do futuro. Quando o passado se agiganta de tal forma em nossa experiência que quase impede a passagem de um novo futuro, o futuro recobra então seu interesse. A preocupação com nosso ser desperta de maneira mais intensa quando nos vemos diante da ameaça do não-ser. O anseio de verdade torna-se mais incisivo após o frustrante encontro com a falsidade. A experiência dos próprios grilhões, dissemos, é o primeiro passo para a apreciação da liberdade. A beleza assume mais alto relevo quando experienciamos a fealdade. E é sobretudo a sensação de aprisionamento no próprio passado que suscita o interesse pelo futuro.

O FUTURO

Nossa questão "O que é o futuro?" só poderá revestir-se de interesse se houvermos experimentado antes o enclausuramento no passado. Contudo, há um paradoxo aqui. É que não podemos sentir o passado como aprisionador a menos que em algum modo da experiência presente já tenhamos experienciado o futuro. Conhecer um limite *como limite* já é situar-se para além desse limite. Reconhecer o passado realmente como passado significa que já temos alguma vaga idéia da futuridade. Mesmo quando parece ausente, o futuro já se insinuou, com calma, em nossa consciência subjetiva presente. Em comparação com o silencioso horizonte desse futuro, nosso passado revela-se à consciência exatamente em seu caráter de passado.

Se o futuro já se inseriu em nosso presente, talvez possamos começar a experimentar um espinhoso conflito. Esse conflito envolve uma luta entre a premência de assegurar nossa existência na certeza estabelecida do passado, por um lado, e o desejo de abrir-nos ao que pode haver de inesperado em um novo futuro, por outro. Como enfatizei, a ingerência do futuro no presente é um dado objetivo e inegável. Nossos calendários e nossos relógios dão prova disso. No entanto, *subjetivamente* falando, podemos nos relacionar com essa intrusão do futuro nos diferentes modos de consciência e de ser. Nossa abertura subjetiva ao futuro raramente coincide com o fato objetivo da futuridade. Via de regra, a resposta que damos a seu inevitável advento é pelo menos uma negação parcial. Em larga medida, resistimos com angústia à inserção do novo e do desconhecido em nossa experiência. No capítulo anterior, observamos nossa propensão a evitar qualquer encontro intenso com a profundidade, até que a própria profundidade nos arrebate em seu vórtice abissal e fundamental. Aqui acrescentaria que nosso encontro com o futuro tem uma estrutura similar.

A exemplo do que se passa com a profundidade, o futuro é fundamentalmente um *mysterium tremendum et fascinans*. Suscita-nos reações ambivalentes. Podemos – e freqüentemente agimos dessa forma – recuar diante do futuro como se estivéssemos em presença de algo pavoroso e irresistível, diante de um *mysterium tremendum*. Não sem razão, temos o pressentimento de que irá romper os cabos que nos ancoram à segurança do passado. Essa ruptura pode ser difícil, a depender do grau em que o passado ou o presente tornaram-se normativos para nossa vida. Mas o futuro também é um *mysterium fascinans*, irresistivelmente sedutor e promissor de uma realização que ainda não se verificou. Algo em nós aspira ao futuro para colocar-nos a salvo da decadência do passado e

29

do tédio do presente. Intuímos uma propriedade terapêutica no futuro. Formamos imagens desse futuro em nossos devaneios, símbolos, mitos, utopias e religiões. No entanto, a exemplo do que ocorre com a dimensão da profundidade, a relação que estabelecemos com o futuro é ambígua. O futuro é simultaneamente o objeto de nosso anseio mais profundo e um horizonte de que gostaríamos de recuar para uma distância menos ameaçadora. Preferiríamos fixar o passado ou o presente como o critério absoluto de nossa vida a assumir o risco de embarcar na novidade e no desconhecido que o futuro representa.

Na maioria dos casos, a abertura natural que temos em relação ao futuro é mais intensamente estimulada naqueles momentos de nossa vida e nos períodos da história humana em que o passado ou o presente parecem incapazes de satisfazer às aspirações humanas. Por essa razão é que o senso do futuro radica mais firmemente entre os oprimidos. A consecução de algo radicalmente novo não se verifica facilmente em meio ao bem-estar e à satisfação com o *status quo*. Com freqüência, só depois de dissipar os recursos do passado e do presente é que começamos a nos disponibilizar voluntariamente ao futuro.

Não obstante, a presença do futuro também pode se fazer sentir até em meio à saciedade. Depois de alcançar uma meta longamente perseguida, de atingir uma posição ambicionada, de realizar nossos sonhos, uma estranha sensação de vazio começa a se insinuar, à medida que arrefece o entusiasmo inicial provocado pela realização. Experimentamos aquilo que o grande filósofo do futuro, Ernst Bloch, chamou de "melancolia da realização". Continuamos a ansiar por algo novo em virtude de nossa capacidade inata de receber sempre mais do futuro. A psicologia refere-se a esse fenômeno como "síndrome do sucesso", ou por vezes como "ruína provocada pela síndrome do sucesso". Uma vez atingido o objetivo tão sequiosamente ambicionado, já não nos sentimos satisfeitos com o resultado alcançado. Dessa forma, para evitar o futuro que se estende à nossa frente como um vazio, detemo-nos no limiar do sucesso e recuamos. Talvez haja algo de patológico nesse retrocesso diante de qualquer êxito em particular, mas também pode existir uma intuição fundamental de que nenhuma realização específica irá proporcionar-nos a satisfação definitva. Com Nietzsche, podemos preferir ser salvos "de todas as vitórias insignificantes". Existe uma insinuação de que só o futuro, em sua plena inesgotabilidade, será capaz de preencher-nos.

O futuro pode ser tanto alvissareiro como estarrecedor. Objeto de nosso desejo, o futuro também pode repelir-nos. Carecemos dele, ao mesmo tempo em que procuramos evitá-lo. O futuro é inexorável, e no entanto procuramos prevenir sua ocorrência. Por vezes, contudo, podemos ser forçados pelas circunstâncias a nos desvencilhar das amarras do passado e a aceitar a indeterminação do futuro. Para nossa surpresa, com freqüência – e podemos mesmo dizer *sempre*, se aguardarmos pacientemente – resulta que o futuro nos traz aquilo a que realmente aspirávamos, em níveis de desejo que antes não percebíamos. Assim como no caso da profundidade, o futuro não é apenas um *abismo* diante do qual compreensivelmente retrocedemos; é também um *fundamento* que promete realização definitiva.

Entretanto, não é qualquer futuro em particular que pode satisfazer-nos. Mesmo na eventualidade de que chegássemos a uma imaginada "utopia" em nossa vida individual ou coletiva, inevitavelmente concluiríamos que também essa utopia teria de ser relativizada pelo horizonte de um futuro situado para além dela própria. Revelar-se-ia finita e frágil, e teríamos de dar prosseguimento a nossa busca. Todo futuro específico é relativo, de sorte que se revela exíguo demais para aplacar a enorme sofreguidão de futuro que constitui o dinamismo da vida humana e social. É evidente que jamais chegamos definitivamente ao futuro ao qual aspiramos, e que se por um momento pensamos haver aportado aí, não tardamos a nos desapontar. Para alguns de nós, então, pode ser tentador interpretar o futuro como um infinito abismo sem fundo, e encarar nossa vida como azáfama fútil no interior dessa infinita vacuidade. O caráter sempre arredio do futuro pode fazer desesperar a atitude mais honesta que podemos assumir em relação a ele. Mais de um filósofo adotou essa postura.

Não obstante, um simples relance à totalidade da experiência humana mostra que na maioria das vezes recolhemos os estilhaços de nossos sonhos e esperançosamente reiniciamos a busca após o desapontamento que um futuro específico nos causa. Ainda tentamos transcender a relatividade de nossos futuros particulares. Somos impelidos pela esperança de um *futuro absoluto*.[18] Uma esperança como essa há de furtar-se por completo? Ou será que os filósofos do desespero têm a última palavra?

---

[18] Ver RAHNER, Karl. *Theological Investigations*. Trad. para o inglês: Karl H. e Boniface Kruger. V. VI Baltimore, Helicon Press, 1969. pp. 59-68.

Que a busca de um futuro *absoluto*, um futuro que em última análise não decepcione, seja uma iniciativa filosoficamente "realista" para nós, eis uma questão que será abordada mais adiante neste capítulo e retomada no capítulo 5. Por ora, no entanto, contentemo-nos com uma simples reflexão sobre nossa experiência dos futuros específicos pelos quais esperamos e nos decepcionamos. Observe-se especialmente como uma porção não realizada do desejo incorpora-se e continua a crescer depois de atingirmos uma determinada meta ou quando somos surpreendidos por algum acontecimento especial em nossa vida. Atente-se para a inquietação que se instala e que de início podemos até conter, mas depois incomoda tanto que já não temos como ignorá-la. É como se estivesse dizendo: "Seu futuro ainda está mais adiante. Não é hora de parar. Você tem condições de crescer indefinidamente na direção do futuro inesgotável que se descortina à sua frente". Se o leitor alguma vez já experimentou essa sensação do futuro ameaçador e promissor, está em condições de entender o significado da palavra "Deus".

O nome desse futuro infinito e inesgotável é Deus. Esse futuro é o que a palavra "Deus" designa. Se esse termo não lhe diz muita coisa, traduza-o, e fale a respeito de seu futuro último, daquilo por que espera no âmago de seu desejo. Para isso, o leitor talvez tenha de esquecer muitas das coisas que aprendeu acerca de Deus, até mesmo o próprio nome. Se sabe que Deus significa o *futuro absoluto*, então sabe muito a respeito do divino. Não pode denominar-se ateu ou incréu. Pois não tem como pensar ou dizer: a vida não tem futuro! A realidade está apenas no passado! O presente é suficiente! Pois quem quer que se interesse pelo futuro absoluto interessa-se por Deus.[19]

Substituí aqui "profundidade" por "futuro" porque a metáfora da "profundidade" só em parte consegue ilustrar o que muita gente entende por Deus, como o próprio Tillich certamente tinha consciência. O que é conotado pelo termo "Deus" é apenas fragmentariamente conceituado pela referência à dimensão da profundidade. Com efeito, essa referência pretende ser apenas um ponto de partida, com base no qual possamos suscitar questões ulteriores concernentes à "situação" do divino. A vantagem da metáfora da "profundidade" é que consegue iluminar a experiência religiosa em termos interculturais. Tem condições de integrar a experiência religiosa dos asiáticos com a dos ocidentais, a dos índios

---

[19] Evidentemente, parafraseei Tillich aqui, substituindo o termo "futuro" por profundidade. A expressão "futuro absoluto" é de autoria de Karl Rahner (ver nota anterior).

americanos com a dos aborígenes australianos, a dos esquimós com a dos africanos. Além disso, uma preocupação comum de manter distância da mediocridade e da superficialidade é, afinal, mais significativa do que as diferenças simbólicas explícitas que dividem seitas e ideologias na superfície da linguagem. A vantagem da referência à dimensão da profundidade é que aponta para elementos comuns na vida espiritual, moral, intelectual, estética e política das culturas e dos indivíduos cujos ensinamentos explícitos podem ser incompatíveis entre si. E contém um critério implícito pelo qual podemos avaliar diversos pontos de vista: a medida de sua autenticidade, de sua verdade e de seu valor é o grau de preocupação que manifestam com a profundidade. Por exemplo, o ateu que encarna a preocupação com a justiça, com a paz ou com a compaixão obviamente tem mais afinidade com a profundidade, ou seja, com aquilo que estamos chamando de Deus, do que o teísta cujas crenças são instrumentalizadas como parte da justificação ideológica de uma ordem econômica injusta. Por conseguinte, pensar a dimensão da profundidade é uma forma de pensar Deus.

Não obstante, a metáfora da "profundidade" é por si só inadequada para assinalar a realidade do que as pessoas entendem por Deus. Precisa ser complementada por outras idéias, entre as quais a de *futuridade*. Particularmente na religião bíblica, a idéia de Deus é inseparável de nossa experiência do futuro. Pode-se dizer mesmo que a Bíblia abriu nossa consciência a uma forma radicalmente nova de experienciar a profundidade da realidade, ou seja, essencialmente como futuro.[20] Mesmo a atual experiência secular do futuro é influenciada pela situação bíblica da realidade de Deus na dimensão da futuridade. Esse sentimento "escatológico" de que o mundo "verdadeiramente real" se acha no futuro é partilhado igualmente por marxistas e pelas culturas capitalistas consumistas, ainda que possam, explícita ou implicitamente, negar a existência de Deus. Ironicamente, esse modo secularista de experienciar o futuro é um descendente indireto do otimismo bíblico, segundo o qual Deus vela pelas pessoas e as aborda no contexto da história, a partir de um futuro que sempre recua. A idéia de Deus desapareceu do quadro, mas a orientação de futuro permaneceu viva em muitos movimentos não-religiosos, amiúde com mais vigor do que em ambientes teístas. Os estudos bíblicos atuais mostram claramente que a antiga experiência religiosa judaica diferia da de seus contemporâneos

---

[20] Ver MOLTMANN, Jürgen. *The Theology of Hope.* Trad. para o inglês: James W. Leitch. New York, Harper & Row, 1967. p. 16.

essencialmente por desonerar o sagrado de sua sujeição ao ciclo das estações da natureza, situando-o no reino do futuro histórico indefinido. E o desafio fundamental para os primitivos adoradores do Javé bíblico era renunciar à segurança de uma religião orientada puramente para a natureza, abandonando-se à incerteza de viver em uma história cuja promessa parecia repousar no futuro remoto. No Ocidente, somos todos herdeiros dessa dramática ruptura entre a história e a natureza, mesmo que já não tenhamos nenhuma convicção religiosa explícita. Mas também somos herdeiros da velha tentação de desesperar da promessa da história e de buscar refúgio em uma ou outra das muitas formas de fuga da história, como a ideológica, a farmacológica, a política ou a cultural. Para alguns, o caminho da "felicidade" está no retorno à natureza e na fuga dos "terrores da história". Já para outros, não existe possibilidade de retrocesso. A via da profundidade requer abertura à dimensão de futuro da história, com toda a paciente espera "em expectativa jubilosa" que essa postura implica.

Se a ênfase que conferimos ao futuro nessa via parece reduzir a importância do passado e da tradição, então essa impressão precisa ser corrigida. A abertura ao futuro é a própria condição, e não um obstáculo, para o resgate do significado do passado e das importantes tradições da história humana. O horizonte do futuro desonera eventos e tradições relevantes da mera condição de passado, abrindo um espaço no âmbito do qual possam recobrar vida.

Costuma-se observar que uma contemporaneidade radical que ignora o passado é o primeiro passo para a barbárie.[21] Se tivéssemos de esquecer os longos períodos do esforço e do sofrimento humano que conferiram pungência e profundidade aos símbolos e mitos nas grandes tradições, seríamos arremessados a um vazio cultural e ético. Temos obrigação de preservar essas tradições, de conhecer-lhes mais intimamente o significado. Uma das deficiências do pensamento ocidental desde o Iluminismo é a pressuposição arrogante de que as antigas tradições têm pouco ou quase nada a ensinar-nos. Ao questionar legitimamente os efeitos castradores da "autoridade" não esclarecida pela experiência e pela razão, o pensamento ocidental pode ter ido longe demais no desdém para com a sabedoria contida nos ensinamentos tradicionais. Pelo menos nesse sentido a "modernidade" tem sido encarada com suspeita por seus críticos recentes. Defender, no entanto, que o passado tem algo a nos ensinar não

---

[21] RIEFF, Phillip. *Fellow Teachers*. New York, Harper & Row, 1973. p. 39.

equivale a propugnar um retorno a ele, nem a renúncia às conquistas da modernidade. Tampouco quer dizer que o passado seja mais importante do que o futuro. Não temos como escapar da premência do futuro, e menos ainda como suprimir a profundidade que se acha por baixo da superfície de nossa existência. Só nos resta encarar esse futuro com espírito de confiança e coragem transmitido pela sabedoria de grandes homens e mulheres do passado. Em nome da abertura ao futuro não podemos sacrificar a memória do sofrimento dos povos preteridos do passado ou a sabedoria moldada pela tragédia que se encontra nos grandes ensinamentos de nossas tradições. Contudo, devemos entender essas tradições como meios de instrução, e não de escravização.

Outra forma de conceber Deus, portanto, é como futuro absoluto. Deus não é um objeto de nossa experiência, mas antes uma *dimensão* ou *horizonte* de nossa experiência. Nem todas as coisas reais são objetos potenciais de experiência humana. A dimensão de futuro, tanto quanto a de profundidade, decerto é real, sem que por isso esteja sujeita a nosso domínio intelectual ou perceptivo. Por essa razão Deus talvez possa ser compreendido menos como objeto *potencial* de experiência e mais como dimensão, condição e horizonte futuro da totalidade de nossa experiência.

E, como futuro *absoluto*, "Deus" significa a irreprimível promessa de realização que desponta novamente do infinito – e aparentemente vazio – horizonte de nosso futuro toda vez que sofremos uma desilusão. "Deus" significa o fundamento de esperança que nos alenta a prosseguir buscando, sempre que percebemos que ainda não atingimos a meta pela qual verdadeiramente ansiamos.

A ausência de Deus

Situar a presença de Deus na arena do futuro pode ajudar-nos a entender sua aparente ausência. Os filósofos de orientação científica costumam desafiar os teístas a apresentar alguma evidência concreta da realidade de Deus. Exigem algo que se assemelhe a uma demonstração positiva e científica da existência contemporânea *objetiva* de Deus. Quando não conseguem aduzir essa verificação, os teístas são acusados de fomentar uma ilusão, de não ser realistas. A existência daquilo que se presume ser de importância cardeal não é

O QUE É DEUS?

tão evidente quanto a de uma rocha. Como pessoas inteligentes e cientificamente esclarecidas podem acreditar de fato em Deus?

Nossa resposta a essa questão é simples: a abordagem científica e empírica é orientada para um âmbito da realidade, o presente, restrito demais para conter a realidade de Deus. Entendemos que a esfera adequada da realidade de Deus é essencialmente o futuro, embora também abranja o passado e o presente.[22] Concebida como futuro absoluto, a realidade de Deus situa-se para além dos limites do que pode ser captado no presente. Os métodos que utilizamos na compreensão do presente são inadequados para orientar-nos em direção ao futuro. A ciência se fixa no presente ou no passado, e não consegue lidar com o futuro, pois não tem como exercer nenhum controle verificacional sobre a dimensão do vir-a-ser. Só a imaginação embebida de esperança pode divisar o futuro. A realidade de Deus, portanto, deve ser abordada da mesma maneira como em geral abordamos qualquer aspecto do futuro, ou seja, pelos recursos da esperança e da imaginação.

Os empiristas, evidentemente, vão objetar que a imaginação orientada para o futuro é mera extrapolação de nossos atuais desejos, que nossa aspiração de futuro e a representação simbólica que dele fazemos podem não ter nada a ver com a "realidade". Essa objeção, no entanto, tem mais a ver com o desejo do que com a esperança, e devemos distinguir cuidadosamente essas duas posturas. A esperança é uma abertura à irrupção do radicalmente novo e imprevisível.[23] O desejo, por sua vez, é a ilusória projeção no futuro de nossas aspirações atuais. Não representa uma abertura ao futuro, pois é inteiramente orientado para o presente. Por outro lado, em se tratando da esperança, temos de relativizar nosso desejo e abrir-nos à perspectiva de que o radicalmente novo venha surpreender-nos. Tal atitude requer um ascetismo corajoso que lhe é de todo próprio, a dolorosa renúncia à tendência de apegar-nos obsessivamente ao presente ou ao passado. A esperança não é fuga da realidade, nem tão fácil quanto reiteram seus críticos.[24] É a atitude de quem consegue suportar conviver com a ausência de Deus.

---

[22] Ver MOLTMANN, *The Theology of Hope*, cit., e BALTAZAR, Eulalio. *God within process*. New York, Newman Press, 1970. pp. 131-151.

[23] WILLIAMS, H. A. *True Resurrection*. New York, Harper Colophon Books, 1972. pp. 178-179.

[24] Ibidem.

A religião

Se a ambiência fundamental de nossa vida é não só a profundidade, mas também o futuro absoluto, é nesses termos que nos cabe entender a "religião". Podemos dizer então que a religião não é apenas preocupação com a profundidade ou a expressão, em símbolos e ritos, de um senso compartilhado de profundidade. Sem negar nada disso, devemos acrescentar agora que, em conexão com o horizonte de um futuro absoluto, a religião é essencialmente *esperança*.[25]

É preciso que tenhamos o cuidado de distinguir a esperança de outras formas de desejo. Pode ser muito tentador acatar a sugestão freudiana de que a religião nada mais é que um produto do princípio do prazer, de que a religião é uma ilusão criada por um intenso desejo de evadir-se da "realidade" e de fundir-se infantilmente com a natureza maternal ou com um Deus paternal que satisfaria nosso anseio de gratificação. Não precisamos negar que pode haver algo do que Freud diz aqui sobre a natureza do desejo humano. Se, no entanto, entendemos a idéia de Deus como aquele que nos desafia a abrir-nos radicalmente ao futuro, devemos estabelecer uma distinção entre a postura de Freud e aquilo que estamos chamando de religião. Afinal de contas, na crítica freudiana a religião é sempre entendida como tendência regressiva, como anseio de um objeto de amor perdido, situado na experiência psíquica *passada* do sujeito. Essa obsessão com o ídolo do passado é a tentação mesma que a própria religião bíblica repudia, sobretudo nos estratos proféticos dessa tradição. Os próprios profetas judeus concordariam com Freud que os seres humanos têm mais a fazer do que simplesmente desperdiçar a vida tentando recuperar um amor parental perdido. Poderiam até convir com a psicanálise que muitas das representações que fazemos de Deus são inevitavelmente carregadas de imagens regressivas decorrentes de relações frustradas com figuras significativas de nossa história psíquica. Independentemente disso, no entanto, frisariam que o lugar do encontro com Deus é a esperança em um futuro radicalmente novo, e não a nostalgia da proteção do passado. Remeter-se-iam ao passado não para recuperá-lo como tal, mas para nele descobrir precedentes que lhes permitissem antecipar a ação surpreendente de Deus em seu futuro.[26]

---

[25] Ver, por exemplo, MOLTMANN, op. cit., pp. 19-36.

[26] Para um debate erudito sobre a relação entre desejo regressivo e desejo orientado para o futuro, ver RICOEUR, Paul. *Freud and Philosophy*. Trad. para o inglês: Denis Savage. New Haven, Yale University Press, 1970.

O âmago da religião, pelo menos nesse contexto, pode ser concebido como esperança de um "futuro absoluto". Essa esperança não é renúncia ao princípio de realidade, se se considerar que a substância da realidade encontra-se no futuro, e não no presente ou no passado. Não há evidência de que o presente e o passado esgotem os limites da realidade. É possível que o "verdadeiramente real" se ache mais adiante, e que nossa existência histórica seja apenas uma antecipação fragmentária e inadequada desse futuro. Nossa antecipação da plenitude da realidade assumiria então a forma de *imaginação* do futuro, de modo a permitir sua inserção no presente. Uma espécie de imaginação corajosa seria a forma pela qual seguiríamos o imperativo freudiano de "encarar a realidade". A incapacidade de elaborar visões criativas que nos motivem à ação conducente ao futuro seria o mesmo que recusar-se a ser realista. E, se a plenitude do ser de Deus é essencialmente futuro, então a religião realista consiste na busca esperançosa e imaginativa desse futuro.

No entanto, tão logo associamos, de alguma forma, a origem da idéia de Deus à imaginação humana, parece que comprometemos a credibilidade de pensar qualquer referência ao divino. O que ocorre é que, para muitos pensadores, a imaginação é uma faculdade que não inspira confiança, cujo passatempo predileto é a urdidura de ilusões. Sustenta-se que a imaginação não se interessa pela realidade, estando inteiramente a serviço do princípio do prazer. Dizer que a imaginação condiciona nosso pensamento acerca de Deus parece ser o reconhecimento da natureza ilusória da idéia de Deus. Psicologicamente falando, "Deus" parece não ser outra coisa exceto uma *projeção*.

A teoria projetiva da religião explica a origem do "sentimento de Deus" ao situá-lo no âmbito do desejo humano. De acordo com a teoria da projeção, a intensidade de nossa paixão por Deus é suficiente para explicar a vivacidade e a tangibilidade da impressão que temos de que "de fato" somos cingidos por uma realidade divina. E os traços antropomórficos com que revestimos nossas divindades parecem fornecer evidências conclusivas de que "Deus" nada mais é que a projeção de nossos próprios atributos pessoais sobre uma quimera inventada por nosso desejo. Embora não fosse propriamente "ateu", o antigo filósofo grego Xenófanes (século VI a.C.) conjeturou que "... se bois e cavalos tivessem mãos, ou pudessem desenhar e fazer as obras de que os homens são capazes, os cavalos desenhariam as formas de deuses como cavalos, e os bois como bois, e fariam seu corpo segundo a própria compleição". Essa suspeita de projeção na órbita da religião foi compartilhada por muitos outros filósofos antigos e, mais recentemente, por pensadores iluministas como Voltaire, que disse sarcasticamente: "O homem cria Deus à sua própria imagem e semelhança". Mark Twain, por sua vez, em tom mais bem-humorado, expressou-se nos seguintes termos: "Deus criou o homem à sua própria imagem, e o homem, educadamente, retribuiu a gentileza".

Desde o século XIX, no entanto, essas antigas desconfianças disseminadas a respeito da origem do sentimento de Deus deram ensejo a uma torrente de suspeita que reivindica um lugar de grande destaque no pensamento moderno. Os nomes de Friedrich Nietzsche, Ludwig Feuerbach, Karl Marx, Émile Durkheim e Sigmund Freud estão todos associados à suspeita de que a imaginação projetiva do ser humano constitui a origem exclusiva de nossa impressão do divino. E os incontáveis intelectuais e acadêmicos que adotaram e adotam uma ou outra forma da teoria da projeção não nos permitem nem ignorar a suspeita de que a religião seja mera projeção, nem recusar alguma resposta a essa importante teoria.

De que maneira então o fiel consciencioso há de responder à suspeita quase eterna de que "o divino" nada mais é que uma projeção? E, se de fato existe um elemento de projeção na religião, por si só tal fato invalida a idéia do divino?

Em primeiro lugar, se a "situação" do divino é o "horizonte" de nossa experiência, como sugeri anteriormente, então podemos nos perguntar de que maneira teríamos condições de nos relacionar com ele sem algum aspecto de projeção. Visto que, por definição, não podemos abarcar ou objetivar o horizonte da profundidade ou da futuridade, como iremos falar de alguma forma do divino sem representá-lo em termos de imagens concretas derivadas de nossa experiência das coisas, dos acontecimentos ou das pessoas que são abrangidos por esse horizonte? Em outras palavras, como evitaremos a referência "simbólica" ao divino, que por sua própria natureza requer a utilização de imagens? De mais a mais, se esse horizonte nos é de importância capital, por que não o representaríamos em termos das imagens daquelas realidades oriundas de nosso ambiente imediato que nos são mais significativas, ou seja, as personalidades humanas? Por conseguinte, deveríamos nos sentir de todo constrangidos se nosso senso do divino se revestisse de imagens de paternidade ou de maternidade, ou de atributos como inteligência, vontade e afetividade? Aqueles que são verdadeiramente religiosos de forma alguma tomam essas imagens em sua literalidade, pois é essencial à religião que mantenhamos constantemente diante de nós um senso da infinita distância que existe entre o divino e as representações que dele nos fazemos. Além disso, a religião é essencialmente aberta à revisão de suas imagens, pois tem consciência de que nenhuma representação simbólica em particular da suprema realidade encerra plenamente o horizonte de profundidade ou de futuridade referenciado e mediado à nossa consciência finita por meio dos símbolos imaginativos e das narrativas das tradições religiosas.

Mas a questão continua de pé. De onde provém o senso que temos de Deus? À primeira vista, parece não haver senão duas respostas concebíveis a essa questão de extrema importância: *ou* provém de Deus, por meio de alguma espécie de revelação direta, *ou* emana de nós, seres humanos, que pela força de nossa imaginação criamos a poderosa impressão da realidade de Deus daquilo que de fato é uma ilusão. Inicialmente essas duas posições parecem esgotar as respostas possíveis, e a teoria da projeção descarta a primeira por ser insuscetível de verificação científica. Existe, contudo, uma terceira alternativa, que também podemos considerar: em princípio, é possível que, se Deus é realmente Deus, ou seja, transcendente e supremo em essência, então ambas as alternativas anteriores podem ser combinadas em uma hipótese única e mais plausível sobre a origem de nosso "senso de Deus". É possível que a origem de nosso senso de Deus possa ser explicada em parte como o produto de nosso desejo, e também como o resultado de nossa consciência ser dominada pela realidade do divino. Tanto o desejo imaginativo dos seres humanos como a realidade divina podem constituir, em conjunto, o senso que temos de Deus.

O estudioso britânico da religião, John Bowker, reitera até que, se Deus é uma realidade, não seria surpreendente se se encontrasse uma grande quantidade de projeção e de ilusão na vida religiosa concreta. Em outras palavras, é plausível sustentar que a própria realidade do divino emerge de nosso desejo de Deus, em primeiro lugar, e que, em resposta a essa emergência, acabemos por encontrar o evasivo horizonte divino carregado de imagens "projetadas" que, psicologicamente falando, não parecem ser senão ilusões. Bowker, no entanto, afirma o seguinte:

> ... seria impossível, apenas em bases psicanalíticas, excluir a possibilidade de que Deus seja uma fonte do sentimento de Deus: por mais que boa parte do sentimento de Deus possa ser elaborada a partir, e como conseqüência, de experiências da infância e por mais que grande parte

da caracterização de Deus possa repetir relações parentais, não há como descartar a possibilidade de que possa haver "algo" na realidade que no passado sustentou essas repetições e reforçou a continuidade de termos como "Deus".[27]

De acordo com essa terceira "hipótese" mais abrangente, o próprio caráter último e transcendente de Deus explicaria o "escândalo" da falta de estabilidade da religião no decorrer das eras. O nascimento e a morte de inúmeras divindades, a natureza ironicamente mutante e evanescente das representações simbólicas de um pretenso absoluto eterno fizeram com que as religiões históricas revelassem-se lábeis e infundadas a seus críticos. Poder-se-ia esperar que, se fossem dotadas de alguma substância, essas religiões seriam mais resistentes às erosões do tempo. Se fossem indicadores dignos de crédito de uma autêntica revelação divina, afigurar-se-iam mais duradouras. Como afirma H. L. Mencken no contundente "necrológio" que faz dos deuses:

> Onde se encontra o túmulo dos deuses mortos? Que carpideira remanescente pranteia-lhes as sepulturas?... Durante gerações, os homens empenharam-se em construir-lhes portentosos templos – templos de pedras tão grandes quanto vagões de feno. A tarefa de interpretar-lhes os caprichos ocupava milhares de sacerdotes, feiticeiros, arcediagos, evangelistas, harúspices, bispos, arcebispos. Duvidar deles equivalia a morrer, geralmente na fogueira. Exércitos ocupavam os campos para defendê-los contra os infiéis: vilarejos eram incendiados, mulheres e crianças assassinadas, o gado expulso... Eram deuses de suprema hierarquia e dignidade – deuses de povos civilizados –, objeto do culto e da fé de milhões de pessoas. Teoricamente, eram todos onipotentes, oniscientes e imortais. E todos estão mortos.[28]

Para o cético, o eventual deslocamento das imagens religiosas é prova de sua falibilidade. Para Bowker, entretanto, a instabilidade da vida e da consciência religiosas é justamente o que devemos esperar, se o divino é efetivamente uma realidade. Em virtude de sua eminência e de sua transcendência, nenhuma

---

[27] BOWKER, John. *The Sense of God.* Oxford, Oxford University Press, 1973. p. 151.

[28] Citado por BOWKER, John. *The Religious Imagination and the Sense of God.* Oxford, Oxford University Press, 1978. p. 2.

representação particular do divino pode capturá-lo adequadamente. E o sentimento religioso dessa inadequação simbólica se expressaria na relutância em tomar imagens particulares de Deus sem a devida seriedade. A religião estaria aberta a uma iconoclasia que se leva a cabo a fim de que se possam descobrir réplicas maiores e mais exatas do divino. Nesse sentido, os nascimentos e os sepultamentos dos deuses seriam inteligíveis como parte da busca imemorial e infindável do absoluto.

Quanto a mim, acrescentaria às idéias de Bowker a sugestão de que sua posição funda-se também nos momentos "apofáticos" da história religiosa, como o budismo teravada e outras formas "místicas" de religião, em que os grandes visionários, saturados das imagens em virtude de sua inevitável inadequação, defendem o sereno silêncio com relação ao absoluto. Ao mesmo tempo, contudo, não surpreende que a busca imaginativa do divino seja periodicamente renovada por aqueles para quem o silêncio absoluto acerca do divino não é humanamente satisfatório. A experimentação religiosa com vívidos símbolos e relatos pode ser necessária para a incorporação do sentimento de Deus nos estratos de nossa consciência que não se satisfazem com uma mera teologia "negativa".

Uma proveitosa analogia de nossa experiência humana pode auxiliar-nos a entender quão necessárias são nossas projeções em qualquer possível encontro com o divino, mesmo que essas projeções tenham aspecto de ilusão.[29] Quando o jovem apaixona-se pela garota, não é incomum que a primeira fase do envolvimento amoroso esteja repleta de expectativas ilusórias. Dessa forma, o rapaz projetará sobre sua amada uma aura exagerada de ternura e talvez uma perfeita feminilidade a que a garota de fato não pode corresponder. Portanto, para que o relacionamento tenha continuidade, o rapaz terá de rever suas ilusões, embora talvez nunca venha a abandoná-las por completo. A história do relacionamento tal como se desenvolve é uma das contínuas revisões das ilusões no sentido de uma maior aproximação com a realidade da outra pessoa. Esse processo envolverá momentos de dolorosa desilusão, tanto quanto a satisfação de observar mais a fundo a realidade do outro. O fato é que, embora epistemologicamente suspeitas, as ilusões românticas parecem constituir etapas evolutivas inevitáveis no encontro do jovem com sua amada.

---

[29] A analogia é livremente adaptada de BOWKER, *The Sense of God*, cit., pp. 131-134.

Algo semelhante pode ser observado na história da busca e do encontro da humanidade com o divino, concebido como futuro absoluto. À medida que perseguimos o objetivo último de nosso desejo, não surpreende que a fase inicial do anseio tenha um forte aspecto de desejo infantil e que, portanto, nossas religiões sejam sempre acompanhadas pelo menos de algum grau de projeção. E enquanto o filósofo da religião é justificadamente intolerante em relação a esse infantilismo, o historiador ou o psicólogo pode ser mais compreensivo, chegando mesmo a considerar as ilusões da religião como estágios evolutivos "necessários" em nossa busca da realidade de Deus. De minha parte, acrescentaria que, se a dimensão da futuridade é apropriada para que "situemos" a realidade de Deus, então a "inacessibilidade" ou a natureza constantemente arredia desse horizonte requer que nossa imaginação reveja continuamente o "sentimento" que dele temos. Essa representação criativa e imaginativa da dimensão da futuridade não é simplesmente ilusória; pelo contrário, é a única pela qual, no presente, a dimensão do futuro absoluto pode captar-nos. Se abríssemos mão por completo dessa imaginação visionária, perderíamos nossa ligação com o divino. E, se existe um componente de desejo que sempre se acopla a nossas imagens de esperança, então devemos tentar, na medida do possível, purificar nossa esperança desse desejo infantil e ilusório. Todavia, a persistência de camadas imaturas de desejo em nossa vida religiosa efetiva, camadas essas que são as mais acessíveis à análise psicológica, por si só não autoriza que se reduza toda religião a um anseio por um passado irrecuperável. Em sua essência, a religião busca uma transcendência desse arcaísmo ao abrir-se imaginativamente à instabilidade de viver no horizonte de um futuro absoluto.

Correndo o risco de simplificação excessiva, podemos chamar de "gnosticismo" aquelas atitudes "religiosas" que renunciam à esperança no futuro e buscam escapar da história elevando um passado ou presente cultural ideal a uma eternidade imemorial. Já se observou que as formas gnósticas de religião geralmente se originam de grupos sociais que foram despojados de uma elite cultural ou de uma posição sociopolítica.[30] Percebendo a impossibilidade de um dia recuperar um elevado *status* no plano da história, os gnósticos procuram fixar-se uma posição privilegiada na esfera transtemporal da eternidade. Julgam-se detentores de um conhecimento secreto ou "gnose" que os torna

---

[30] RASCHKE, Carl. *The Interruption of Eternity*. Chicago, Nelson-Hall, 1980.

especiais aos olhos de Deus, e criam obstáculos, por vezes sob a forma de ritos de iniciação impossíveis, como condição para o ingresso de outras pessoas no círculo excepcional da gnose.

Esse tipo de religiosidade parece ser o resultado de uma tentação de evadir-se da desordem da existência histórica e da abertura ao futuro elevando-se imaginativamente e por completo acima da esfera da temporalidade.[31] Muito do que passa por religião, e também por filosofia, enquadra-se nesse fenômeno amplo e, por certo, inadequadamente definido que chamei de gnosticismo. No entanto, precisamente em razão de sua atitude escapista e de sua ojeriza à dimensão da futuridade, granjeou a suspeita de religião orientada ao futuro, ou seja, de tradições religiosas "escatologicamente" influenciadas. O risco de tomar a metáfora da "profundidade" de maneira muito unidimensional é que pode levar à tendência gnóstica de deslocar-se verticalmente para fora do reino de nossa historicidade. Por essa razão, muitos de nós enfatizariam que um entendimento da religião como a busca da profundidade inclui, como sua substância mais íntima, uma abertura radical ao futuro absoluto. Esse futuro vem a nosso encontro nas imagens de esperança que despontam de nossa existência na história concreta, mas não requer que abandonemos essa história para escapar rumo a uma eternidade intemporal. Em vez disso, convida-nos a transformar nossa existência histórica, à medida que sejamos humanamente capazes de fazê-lo, na figura de imagens esperançosas por meio das quais a profundidade do futuro desvele-se a nós.

---

[31] Ibidem.

CAPÍTULO III

A LIBERDADE

Poucas palavras evocam sentimento tão positivo como "liberdade". Ao mesmo tempo, porém, pouquíssimas palavras são mais difíceis de definir. Políticos, filósofos, psicólogos e teólogos discutem o termo. No entanto, após ouvirmos o que têm a dizer a respeito, a questão ainda continua de pé: que é exatamente liberdade? Sentimo-nos tentados a parafrasear as conhecidas palavras de santo Agostinho quando se lamentou da própria incapacidade de compreender o significado do tempo: se não nos perguntam o que é liberdade, sabemos do que se trata; porém, tão logo nos indaguem a respeito, já não sabemos. Pode-se fazer com que a liberdade se torne intuitivamente vívida por meio de símbolos, mitos e relatos de batalhas heróicas em prol da "emancipação" ou da "libertação". E o sentido da liberdade concretiza-se melhor pela efetiva vivência e atuação do que pela leitura ou redação de um livro. Qualquer tentativa conceitual ou teórica de dizer o que é liberdade corre o risco de ser superficial e abstrata, e é bem provável que comprometa em parte nossa apreensão imediata do significado do termo. É possível, entretanto, que captemos algo a respeito da idéia de liberdade a partir de um estudo teórico. E da mesma forma como Agostinho, ao final, não pôde deixar de dizer-nos o que é o tempo, é perdoável que também nós tentemos discorrer conceitualmente acerca da liberdade. Sabemos quanto as idéias contribuíram para a formação de nossa história. Sem dúvida alguma, nossa experiência de liberdade, no mundo ocidental, foi moldada em larga medida por idéias poderosas que sucessivamente motivaram as pessoas a trabalhar em prol da libertação das várias formas de opressão. Não é de todo descabido, portanto, discutir a *idéia* de liberdade em termos teóricos.

Que é liberdade então? A exemplo do que ocorre com nossa intuição do tempo, todos temos uma apreensão imediata ou "ingênua" do significado de "liberdade". Dá-se o mesmo com nossa experiência da profundidade e da futuridade. Sentimos essas realidades, habitamos em seu interior, e nos damos conta de sua presença ou ausência em vários graus. Entretanto, não conseguimos objetivá-las. Não temos como dispô-las diante de nós e controlá-las, a exemplo do que a ciência tenta fazer com

45

seus objetos de estudo. Conhecemo-las mais por nos apreenderem do que efetivamente por apreendê-las. Ou por delas fugirmos. Dá-se o mesmo com a concepção que temos de liberdade. Só saberemos o que é liberdade se houvermos sido apreendidos por ela ou, em uma acepção negativa, se dela tivermos fugido. Se tentarmos apreendê-la, escapará de nós. Por conseguinte, temos de abordá-la pela via indireta, sem esperar uma apreensão intelectual perfeitamente clara do que significa.

Três são as formas pelas quais os filósofos costumam abordar o conceito de liberdade. A primeira consiste em entendê-la como algo que temos; a segunda, como algo que somos; e a terceira, como algo que nos tem. A primeira abordagem concebe a liberdade como uma de nossas faculdades, por meio da qual fazemos "escolhas livres" entre várias alternativas que se nos oferecem. A capacidade de fazer livres escolhas é certamente um importante aspecto da liberdade, mas a livre escolha não é coextensiva à liberdade como a entendemos aqui. A segunda abordagem, exemplificada de maneira extrema pelo filósofo francês Jean-Paul Sartre, entende a liberdade como a verdadeira essência da existência humana. Nessa visão, a realidade humana é liberdade, no sentido negativo de não ser determinada por algo além de si mesma e no sentido positivo de constituir a fonte criativa de nossa verdadeira identidade.[32] Essa posição, segundo a qual *somos* liberdade, seria aceitável se entendêssemos a liberdade como finita, e não como absoluta, no sentido que lhe dá Sartre. Dizer que somos liberdade finita é uma importante maneira de entender nossa natureza. Entretanto, mesmo essa segunda acepção não nos proporciona a profundidade a que aponta a palavra liberdade, motivo pelo qual enfatizarei doravante um terceiro significado do termo. No sentido mais profundo, liberdade é algo que nos tem, e não algo que podemos manipular. Além disso, devemos nossa liberdade de escolha (liberdade na primeira acepção), tanto quanto a liberdade de nossa existência finita (liberdade na segunda acepção), à nossa participação na liberdade abrangente (na terceira acepção), sobre a qual discorrerei neste capítulo. A liberdade no terceiro e mais substantivo sentido constitui o "fundamento" da liberdade nas duas primeiras acepções.[33]

---

[32] Sartre, Jean-Paul. *Existentialism and the Human Emotions*. Trad. para o inglês: Bernard Frectman e Hazel E. Barnes. New York, Citadel. pp. 52-59.

[33] Evitei deliberadamente a questão debatida pelos deterministas sobre se, em última análise, a liberdade humana efetivamente existe. A razão para essa omissão é que, se a liberdade é essencialmente o horizonte de nossa existência, e não uma mera faculdade ou posse, então sua existência não pode ser argüida em termos objetivistas estabelecidos pelos deterministas. Deve-se abordá-la, antes, da mesma maneira como a profundidade, a futuridade, a beleza e a verdade. Essas realidades não se apresentam como objetos suscetíveis de apreensão, e só são conhecidas quando nos deixamos apreender por elas, em uma abordagem não-objetivante. Por esse motivo, os argumentos científicos favoráveis ou contrários à liberdade não têm nenhum cabimento.

A LIBERDADE

Se refletirmos sobre alguns aspectos bem evidentes de nossa experiência, a exemplo do que fizemos nos dois capítulos anteriores, perceberemos que a liberdade se entende de maneira mais apropriada como o *horizonte* abrangente de nossa existência, e não como alguma coisa que possuímos ou que coincide com nossa existência individual, como propôs Jean-Paul Sartre. Tal como no caso da profundidade e da futuridade, a liberdade, no sentido de algo que nos apreende, é um *mysterium tremendum et fascinans.* Recuamos diante dela por temor de perder-nos em seu enlace, ao mesmo tempo em que por ela ansiamos sofregamente, na intuição de que nossa realização pessoal consiste no abandono definitivo a essa mesma liberdade. Aspiramos à liberdade que coincide com nosso futuro absoluto, mas ao mesmo tempo relutamos em permitir sua inserção em nossa vida.

Para ilustrar na prática a ambivalência com que nos relacionamos com a liberdade, observemos especialmente a experiência de confronto com nossa própria identidade pessoal. Não há momentos em que chegamos à conclusão de que de fato não somos plenamente definíveis nos termos de nossas circunstâncias imediatas? Não há ocasiões em que nos damos conta de que a opinião que os outros têm de nós simplesmente não bate com aquilo que sabemos a nosso respeito? Momentos como esses abrem-nos a possibilidade de viver uma forma inteiramente nova de existência, e no entanto geralmente retornamos à típica rotina de deixar com que os padrões anteriores das expectativas alheias a nosso respeito determinem a forma como nos percebemos. Embora controvertida em muitos aspectos, a psicanálise merece nossa admiração pelo menos por mostrar-nos como nossa vida familiar pregressa continua a nos acompanhar inconscientemente e a plasmar as atitudes que assumimos ao longo de nossa vida. Muitos de nós podem passar a vida inteira sem jamais questionar os padrões familiares de expectativa que lhes conferiram a orientação primordial no mundo. Em função do poder e da autoridade desses padrões familiares, qualquer tentativa que façamos no sentido de uma autodefinição alternativa pode acompanhar-se de um doloroso sentimento de culpa e de traição.

É instrutivo examinar a sensação de mal-estar que geralmente acompanha o gesto pelo qual nos desvencilhamos das expectativas que nos parecem ter sido impostas pelos outros. Por vezes, esse desvencilhamento constitui, evidentemente, uma ruptura de padrões pelos quais se espera que nos pautemos como o mínimo fundamental para a existência humana. Nesses casos, sentimentos de culpa genuínos são importantes por nos apontar o equívoco de nossos procedimentos e por

47

O QUE É DEUS?

nos instigar à conformação com os padrões capitais de conduta humana. Outras vezes, contudo, precisamos "violar" certos padrões convencionais que a
nosso ver pareçam obstacular a realização de novas possibilidades genuínas
de ser humano a que sinceramente nos sentimos chamados. Mas nós nos sentimos igualmente desconfortáveis diante dessas possibilidades. É muito mais
fácil ser simplesmente convencional em nossa vida ética do que atender aos
apelos de valores imemoriais que transcendem nossos ideais de sociedade, de
nação ou de família.[34]

A essa sensação de estarrecimento em face de novas possibilidades podemos dar o nome de "angústia". Um significado de "angústia" é a consciência
de possibilidades ainda não realizadas. É a insinuação de que dispomos de
outras vias de autodefinição que se nos abrem de par com aquelas que foram
tão determinantes no passado. A consciência que temos dessas possibilidades
não realizadas que dariam novo impulso a nossa identidade coloca-nos diante
de um *tremendum*. Diferentemente do que se passa na órbita do "atual", a arena
do "possível" é inesgotável, de sorte que relutamos em mergulhar em suas
profundezas amorfas e abissais, temendo que os limites de nossa existência
finita sejam aniquilados pelo excesso do possível. Como diz Kierkegaard, a impressão que temos desse reino de pura possibilidade irrealizada pode induzir
em nós uma "doença mortal".[35] Contudo, um aspecto da experiência da liberdade consiste precisamente na angústia suscitada em nós pela consciência que
temos de possibilidades, ideais ou valores sempre novos.

Uma análise dessa angústia pode abrir-nos a um entendimento mais
aprofundado da liberdade. Quando utilizamos o termo "angústia" aqui, no entanto, não estamos nos referindo a algo anormal ou patológico. Pelo contrário,
estamos falando de um estado de consciência que sempre acompanha nossa
existência humana, quer consciente, quer inconscientemente. Sem esse estado
de consciência não seríamos existentes humanos de maneira alguma. Em outras palavras, essa angústia é um aspecto característico de nossa existência, e
não algo que pode ser eliminado por vias farmacológicas ou psiquiátricas. Quando se refere à erradicação da angústia, a psiquiatria está falando de um exagero
patológico ou da supressão de nossa angústia "normal". E nos confunde seriamente

---

[34] Ver KOHLBERG, Lawrence. *The Philosophy of Moral Development*. San Francisco, Harper & Row, 1981.

[35] KIERKEGAARD, Soren. The Sickness Unto Death. In: *Fear and Trembling and the Sickness Unto Death*. Trad. para o inglês: Walter Lowrie. New York, Doubleday Anchor Books, 1954. pp. 157-175.

se pretende curar-nos de nossa angústia "existencial".[36] Nada pode curar-nos dessa angústia. Mas essa impossibilidade não precisa ser ocasião de perpétua infelicidade para nós. Pode ser vista antes como uma abertura à dimensão realizadora da liberdade.

A angústia existencial também pode ser entendida como a consciência do fato de que nossa existência encontra-se constantemente submetida a uma ameaça fundamental e inevitável. Paul Tillich refere-se a esse fenômeno como a ameaça do "não-ser".[37] A consciência dessa ameaça deve ser distinguida do medo.[38] O medo é sempre uma reação a um perigo específico, a um objeto definido de terror. Posso, por exemplo, sentir medo de um animal raivoso, de um professor autoritário, de uma nota baixa em um exame, ou da desaprovação de pais e amigos. Para vencer esse medo, posso lançar mão de estratégias específicas. Posso, por exemplo, abater o animal raivoso, freqüentar as aulas de um professor mais amável, estudar com mais afinco para a prova, ou sair de casa. Essas estratégias costumam surtir efeito como meios de enfrentar o medo. Mais abaixo dessa camada de medos específicos, no entanto, existe uma persistente ameaça difusa e inerradicável que nenhuma iniciativa evasiva consegue aplacar. Há, no mínimo, uma vaga intuição de que nossa existência acha-se situada precariamente diante da ameaça do "não-ser".

Alguns filósofos fazem objeção ao emprego de uma noção tão complexa quanto a de "não-ser". De maneira um tanto simplista, afirmam que, se algo é não-ser, dele não se pode falar absolutamente, e que essa referência é absurda. Quando, no entanto, examinamos esse "não-ser", não surpreende que soe tão esquivo e se afigure tão indefinível. Há uma razão pela qual não podemos apreender claramente esse conceito. Esse não-ser é um aspecto do *horizonte* de nossa existência, e corresponde ao que chamamos, no primeiro capítulo, de aspecto "abissal" da profundidade. Se o leitor tiver dificuldade com o termo "não-ser", sugiro-lhe simplesmente que reflita sobre aquilo a que nos referimos como a experiência do "abismo", que geralmente precede uma sensação mais profunda de ser amparado. Isto se manifesta de maneira mais evidente em nosso sentimento de que nunca temos o pleno controle de nossa vida, de que sempre

---

[36] Tillich. *The Courage To Be*, cit., pp. 64-85.

[37] Ibidem, pp. 32ss.

[38] Ibidem, pp. 36-39.

existe o elemento de "destino" que interfere em nossos projetos. Posso colocar em prática uma série de estratégias evasivas tendentes a erradicar o medo, mas ainda perceberei que "algo" mais profundo e mais intransigente do que qualquer objeto específico de medo permanece à espreita, abaixo da superfície de minha vida, e daí não arreda. Esse "algo" pode ser chamado de não-ser porque persiste como ameaça a meu "ser".

Minha vida nunca se realiza exatamente da forma como planejei. Jamais posso eliminar o destino por completo. E o limite absoluto a qualquer controle que tenho sobre minha vida patenteia-se em minha consciência de que por fim hei de morrer. A ameaça do não-ser talvez se torne mais evidente na inexorabilidade da morte. Portanto, se relacionarmos o conceito de "não-ser" à experiência que todos temos do destino e da inexorabilidade da morte, tal conceito assumirá uma "substancialidade" que o torna uma noção legítima e significativa, embora se reconheça que lhe falta a clareza que é própria dos objetos mais triviais da experiência.

Podemos utilizar também o termo "não-ser" porque precisamos de uma noção mais abrangente e mais inclusiva de "destino" ou de "morte" para designar algo que continuamente ameaça nossa existência, pois "destino" e "morte" não esgotam o significado dessa ameaça. Existem também as ameaças de culpa e de auto-rejeição que, em certo sentido, são ainda mais potentes do que o destino e a morte.[39] Nossa existência, como foi observado anteriormente, sempre é capaz de realizar novas possibilidades. Não se fixa indefinidamente em uma identidade estática; entretanto, sempre fica aquém da realização das possibilidades que se lhe oferecem. Uma parte de mim, por exemplo, poderia tornar-se um bom médico; uma outra teria condições de tornar-se um bom estudante, um bom professor, um bom assistente social, um bom político, ou simplesmente uma pessoa melhor, mais solícita. Na prática, não terei condições de realizar todas essas possibilidades. Cada decisão concreta que tomo significa que me separo *(de-cidere)* de uma inesgotável série de alternativas possíveis, a fim de poder realizar essa em especial. O hiato entre o que sou e o que poderia ser é sentido como *culpa*. Uma vez mais, essa angústia da culpa constitui um estado normal, e não patológico, da existência humana finita. Sem essa angústia, dificilmente eu poderia ser chamado de humano. O que distingue a existência humana da dos meros objetos é que a

---

[39] Ibidem, pp. 51-57.

A LIBERDADE

primeira é capaz de imaginar-se possibilidades sempre novas que estabelecem uma tensão entre a atualidade presente e a possibilidade alternativa. A consciência dessa tensão não é algo mórbido, e sim a condição para que nos lancemos à busca da realização de pelo menos algumas de nossas genuínas possibilidades.

Existe, portanto, uma acepção salutar ou alentadora de culpa, entendida como a consciência de que o indivíduo não realizou as próprias possibilidades *realistas*. Se a palavra "culpa", no entanto, for entendida como a auto-rejeição paralisante que acompanha o sentimento de fracasso na consecução de objetos *realistas*, poderá assumir então um estado patológico. A obsessão ligada a metas irrealistas pode revelar-se uma experiência aprisionadora que intensifica nosso destino comum a ponto de tornar-se insuportável. O problema da existência humana, portanto, consiste não apenas em encontrar forças para aceitar o destino e a mortalidade, mas também, e muito mais, em aceitar que nossa vida se acha sujeita à ameaça da culpa e da auto-rejeição. Por conseguinte, a ameaça do não-ser excede o que Tillich chama de ameças "ônticas" do destino e da morte, por incluir também as ameaças "morais" da culpa e da auto-rejeição.

Como se já não bastassem essas ameaças, ocorre que aqueles ingredientes da cultura (tradições, mitos, símbolos e arte) que nos infundem forças para enfrentar a angústia do destino, da morte e da culpa por vezes perdem a capacidade de estimular-nos, tornam-se sujeitos à crítica e deixam-nos inseguros quanto ao verdadeiro sentido de nossa existência. Quando tais símbolos perdem o poder que têm sobre nossa consciência, podemos nos deixar tomar pelo desespero de descobrir qualquer sentido. Boa parte das chamadas literatura e arte "existencialistas" retratou esse sentimento de desespero no século XX. Enfatiza que o não-ser hoje se faz sentir mais intensamente nas ameaças "espirituais" da dúvida e da falta de sentido do que simplesmente na experiência do destino, da morte e da culpa. Destituída de sentido, a existência humana paira ainda mais flagrantemente sobre o abismo do não-ser.

Em suma, portanto, o não-ser ameaça-nos onticamente sob a forma do destino e da morte, moralmente na figura da culpa e da sensação de ser condenado ou rejeitado, e espiritualmente sob a forma de vazio (ou de dúvida) e da falta de sentido.[40]

---

[40] Ibidem, pp. 40-63.

Mas o que essa discussão sobre o não-ser tem a ver com a liberdade? Embora possa parecer estranho à primeira vista, a experiência da ameaça do não-ser que acabei de descrever (inspirando-me novamente em Paul Tillich) constitui um aspecto da experiência do horizonte da liberdade. O "não-ser" é a face com que a liberdade se nos apresenta inicialmente ao convidar-nos a seu enlace. Por mais difícil que nos seja entender, é enfrentando realisticamente esse não-ser, e não fugindo dele, que nos libertamos das coisas que nos escravizam e somos impelidos à plenitude da liberdade.

Evidentemente, o não-ser nos apavora, de modo que procuramos evitá-lo, atrelando nossa frágil existência a coisas que à primeira vista nos dariam abrigo contra ele. No entanto, como todas essas coisas são elas próprias meramente finitas, também sujeitas, portanto, ao não-ser, a segurança que nos proporcionam é apenas parcial e, em última instância, ilusória. No limite, essa segurança precária não é de fato libertadora, na medida em que simplesmente restringe nossas vidas ao sujeitar-nos a coisas que são pequenas demais para ajudar-nos a fazer face à angústia existencial. Da mesma maneira como procuramos converter a angústia do não-ser em objetos específicos de medo que possamos controlar, assim também nos valemos de objetos, pessoas, acontecimentos, noções, cultos, bens etc., com o intuito de ancorar nossa existência contra a invasão do não-ser. Por fim, no entanto, seremos obrigados a perceber que tais coisas não passam de "ídolos" que não têm como nos proporcionar a libertação definitiva a que aspiramos. Como haveremos então de lidar com o não-ser?

Só poderemos enfrentar adequadamente a ameaça do não-ser por meio de uma coragem proporcional à própria ameaça.[41] É pela *coragem* que damos cabo da ameaça do não-ser, experienciando desse modo a liberdade em si. Com efeito, a coragem pode ser definida como a "auto-afirmação" pela qual aceitamos e encaramos a angústia do não-ser.[42] O encontro com a liberdade no sentido mais profundo, portanto, é inseparável da experiência da coragem.

Se a liberdade humana tem algum sentido realista, não pode significar libertação *da* angústia existencial. A busca da liberdade estará fadada à frustração se for levada a cabo como busca de refúgio contra o não-ser. Eis uma lição que os teístas podem bem aprender dos filósofos existencialistas. Em que consiste, pois, a liberdade humana (liberdade em nossa segunda acepção) se não há como escapar

---

[41] Ibidem, pp. 32-36.

[42] Ibidem.

facilmente do destino, da morte, da culpa e da experiência da dúvida e até mesmo da falta de sentido? Será mesmo a liberdade humana um conceito significativo, considerando-se que nossa existência nunca está "livre da" angústia existencial?

Humanamente falando, a liberdade é a consciência de que a angústia existencial foi *dominada*, e não simplesmente evitada. É uma consciência de que, malgrado a difusa ameaça do não-ser, o núcleo de nossa existência em última instância está sempre a salvo. Essa consciência liberta-nos da necessidade obsessiva de assegurar nossa existência pelo recurso a coisas e projetos específicos. Reconhece a futilidade de todas essas iniciativas. E permite-nos serenidade e uma existência pacífica que transcende a segurança proporcionada pelos bens materiais comuns.

Mas será essa consciência uma realidade em alguma parte? Haverá indivíduos que alcançaram semelhante estágio de liberdade subjetiva? Penso que encontramos essa consciência exemplificada na vida de pessoas que dão mostras de coragem. Não é preciso citar exemplos dessa coragem aqui, pois se manifesta ao nosso redor na vida heróica de gente comum, que se sente motivada a aceitar corajosamente a própria vida, por sua participação nos grandes testemunhos de coragem humana transmitidos de geração em geração em todas as culturas e tradições. Todos nós já testemunhamos como certas pessoas venceram dificuldades aparentemente intransponíveis e emergiram mais fortes por haver enfrentado os próprios problemas do que se tivessem fugido deles. De fato, essa ocorrência do dia-a-dia é tão trivial que quase não nos damos conta de seu caráter absolutamente "miraculoso". É na vida dessa gente corajosa que podemos ter um vislumbre do horizonte último de liberdade que busca libertar nossa existência humana de maneira decisiva.

A coragem humana enfrenta e aceita a angústia existencial, em vez de fugir à sua manifestação. E, ao enfrentá-la resolutamente, dá testemunho de um poder transcendental capaz de sobrepujar a ameaça do não-ser e de proporcionar bases sólidas para um senso realista da liberdade. Não precisamos produzir "provas" da "existência" desse poder. As evidências dessa realidade são simplesmente os atos de coragem tão manifestos na vida daquelas pessoas que se aceitam, apesar da angústia existencial que constitui parte integrante de sua existência concreta.[43] Em sua corajosa auto-afirmação, podemos perceber a

---

[43] Ibidem, p. 181.

evidência de sua participação em um "poder" libertador objetivo que supera o não-ser. Observando a corajosa vida que levam, também podemos avaliar o verdadeiro sentido da liberdade humana como participação em um horizonte último de liberdade – chamemo-lo liberdade em si – que lhes infunde coragem para triunfar sobre as ameaças do não-ser. O que transparece nessas vidas corajosas é uma liberdade profunda e transcendente que circunda a existência dessas pessoas. A coragem de que dão mostra é a "revelação" de uma suprema e duradoura liberdade que transcende e infunde poder à nossa existência.

Nossa liberdade finita (liberdade na segunda acepção) não é uma negativa "liberdade de", e sim uma liberdade *participativa*, uma experiência de abertura e apreensão por parte da liberdade abrangente que envolve e supera a ameaça do não-ser. Esse horizonte de liberdade de que participamos não pode ser compreendido em termos intelectuais. Não é uma propriedade, nem pode ser controlado por atos de "voluntariedade" de nossa parte. Só pode ser experienciado a título pessoal ou referenciado à medida que se evidencia na vida corajosa das pessoas. Sua realidade é sentida apenas no gesto pelo qual nos deixamos apreender, o que explica a impossibilidade de qualquer demonstração científica de sua presença.

Na vida concreta de pessoas heróicas, além disso, também podemos encontrar o *fascinans*, o aspecto gratificante da liberdade. Podemos ter um indício da dimensão da liberdade que corresponde ao aspecto "fundamental" de nossa experiência de profundidade. E também podemos observar a base do que chamamos de esperança nos capítulos anteriores.

O nome desse horizonte de liberdade, em última instância fundante, e provedor de coragem que transparece nos atos de coragem é Deus. Essa liberdade fundante é o que a palavra Deus designa. Se essa palavra não lhe diz muita coisa, traduza-a e fale da liberdade profunda a que aspira, para além das seguranças limitadas a que se apega tentando escapar da angústia existencial. Para tanto, o leitor talvez tenha de esquecer muitas das coisas que aprendeu a respeito de Deus, quem sabe até mesmo essa própria palavra. À medida, porém, que se abre à coragem pela qual realisticamente aceita a própria existência, já não se pode chamar ateu em nenhuma acepção significativa do termo. Não terá como defender consistentemente a inexistência de fundamento para a própria coragem. Na enunciação mesma dessa declaração, fornecerá evidências de que participa do poder de auto-afirmação.

A ausência de Deus

Uma réplica previsível à postulação que fazemos dessa fonte de coragem última, transcendente e libertadora e à sua designação como Deus é que semelhante sugestão parece supérflua. Ocorre que de pronto podemos identificar pessoas e instituições específicas, como, por exemplo, a família, a escola ou o país, a própria natureza ou simplesmente nossa vitalidade biológica como a base de nossa coragem para fazer face à angústia existencial. É nossa participação nessas atualidades identificáveis que provê fundamento suficiente para nossa coragem. Por que haveríamos de complicar desnecessariamente a representação que fazemos das coisas pela referência a um "derradeiro" poder de ser ou a um horizonte de liberdade que se oculta para além das fontes imediatas ou próximas de nossa coragem?

Nossa resposta a essa objeção pode principar por um recurso à própria experiência humana. Uma criteriosa exposição dos fatos de nossa história individual e coletiva torna plausível, ainda que decerto não cientificamente verificável, nossa postulação concernente à realidade de uma fonte última da coragem, não redutível às fontes imediatas de poder a que nos referimos no parágrafo anterior.

Façamos uma breve reflexão sobre as abordagens que utilizamos no trato de nossa angústia existencial. Penso que a honestidade convida-nos a reconhecer que muitas dessas abordagens acabarão por revelar-se infrutíferas, e não nos propiciarão a libertação da angústia que inicialmente nos prometeram. De que maneira, por exemplo, enfrentamos as ameaças do destino e da morte? Da culpa e da auto-rejeição? Da dúvida e da falta de sentido? Geralmente não é buscando a aprovação e a aceitação de outros que sejam significativos em nosso contexto *imediato*? A busca de aprovação e de aceitação parece ser um aspecto essencial de nosso ser. É compreensível, portanto, que comecemos bem cedo em nossa vida, aos primeiros sinais de nossa fragilidade, a granjear aceitação agradando aquelas "potestades", sobretudo nossos pais, aparentemente dotadas de capacidade para proteger-nos do não-ser. Ao que tudo indica, essa manobra de fato funciona por algum tempo, às vezes até durante anos; e é bem possível que jamais consigamos desvincular por completo nossa existência de sua primeira base de poder parental supostamente onipotente. E se, quando adultos, parece que finalmente superamos uma relação de dependência em relação a nossos pais, ainda temos de nos perguntar em que medida podemos ter transferido nosso desejo de aprovação parental para outras pessoas em nosso contexto adulto. Em que medida conjuramos a ameaça do não-ser quando nos submetemos a poderes e autoridades imediatas cuja aprovação tão sofregamente desejamos?

Como argutamente demonstrou Ernest Becker, essas fontes imediatas de poder a que transferimos nosso anseio de libertação da angústia existencial acabam revelando-se elas próprias estar sujeitas às mesmas ameaças que nós. Becker desenvolve essa questão no contexto psicanalítico da noção de "transferência". Pode ser instrutivo acompanhar algumas das idéias de Becker a respeito da dinâmica da chamada transferência.[44]

Em psicanálise, entende-se por transferência o deslocamento para o analista dos sentimentos positivos e negativos que originalmente se manifestaram nas relações com os pais, com os parentes e com outras pessoas significativas de nossa história psíquica.[45] Essa projeção distorciva no encontro analítico deriva da compulsão do paciente em repetir, inapropriadamente, aqueles padrões de afetividade aprendidos nos primeiros relacionamentos sociais. Mas a transferência não se restringe ao encontro do paciente com o analista. É um fato que se observa igualmente na vida cotidiana. Em nossos relacionamentos com os outros, tendemos a transferir-lhes expectativas irrealistas (que geralmente remontam à infância e à adolescência) que foram continuamente frustradas no passado. A transferência em psicanálise é apenas uma versão exacerbada de uma ocorrência comum.

Segundo Freud, as dinâmicas subjacentes à transferência são fundamentalmente libidinais, mesmo – e talvez especialmente – quando a transferência produz nossos deuses. Para outros, a energia propulsora da transferência situa-se em fontes como a covardia, o desejo de fuga da liberdade ou a busca de uma fonte-poder que nos protegerá da "realidade" e, acima de tudo, da aceitação de nossa mortalidade. Entretanto, segundo Becker, independentemente de como seja entendido, o problema da transferência é fundamentalmente um problema de coragem.[46]

Becker concebe a transferência como um compromisso entre o medo e a coragem. É a um só tempo falta e busca de coragem. Como manifestação de medo da vida e da morte, a transferência visa encerrar nossa vida em pessoas, instituições ou outros objetos que aparentemente nos tragam e impedem que nos

---

[44] Becker, Ernest. *The Denial of Death*. New York, The Free Press, 1973. pp. 127-158.

[45] Freud, Sigmund. *A General Introduction to Psychoanalysis*. Trad. para o inglês: Joan Riviere. 2. ed. New York, Pocket Books, 1952. pp. 451-452.

[46] Becker, op. cit., p. 142.

A LIBERDADE

exponhamos como indivíduos, arriscando-nos efetivamente a viver nossa vida por conta própria. De acordo com essa interpretação, a transferência é a busca habitual de alguém ou de alguma coisa que nos protegerá da morte e de seu potencial individualizador. Fundindo-nos com "outros" onipotentes por intermédio da transferência, livramo-nos de qualquer necessidade de enfrentar sozinhos o caos da morte. A transferência, portanto, afigura-se como *abdicação* da coragem de aceitar quer a liberdade de viver, quer a necessidade da morte.[47]

Mas a transferência resume-se apenas à falta de coragem? Não será ela uma necessidade da vida? Becker interpreta a transferência de maneira positiva, e não em termos negativos, como "impulso a um heroísmo mais elevado". A transferência é "... uma forma de fetichismo criativo, o estabelecimento de um *locus* do qual nossa vida pode extrair as forças de que precisa e deseja".[48] Nos termos de Paul Tillich, portanto, podemos interpretrar a transferência não apenas como abdicação da coragem, mas também como *busca* de fontes de poder que nos medeiam a coragem de ser. Inexiste participação não-mediada no ser. Participamos do supremo poder de ser por intermédio dos seres. E se por vezes dotamos seres finitos específicos dos atributos transcendentes do ser-em-si, ou seja, do divino, então essa idolatria é compreensível como expressão tanto da coragem como de sua falta parcial. Por meio da transferência, tendemos a enfocar o poder do ser que seria a fonte adequada de coragem e de liberdade em uma base estreita e restrita. Queremos que o objeto de transferência funcione como onipotente por si mesmo, e, quando percebemos sua deficiência em termos de finitude, tal objeto provoca-nos a reação de desilusão e de hostilidade. Os deuses das religiões, tanto quanto certas imagens de Deus no teísmo, compartilham essa ambigüidade.

O que torna a transferência insatisfatória, e requer portanto sua transcendência, é que os objetos provisórios de transferência não podem arcar com todo o ônus de ser fontes supremas, absolutas e onipotentes de poder e de liberdade que gostaríamos que fossem. Tais objetos revelam-se finitos, eles próprios ameaçados pelo não-ser, incapazes, portanto, de subjugar a ameaça existencial do não-ser. Os seres finitos são simbólicos do ser: dele participam e para ele apontam, mas com ele não coincidem. Por conseguinte, não podem harmonizar a infinitude do desejo de segurança máxima que energiza a transferência.

---

[47] Ibidem, pp. 127-158.

[48] Ibidem, p. 155.

O QUE É DEUS?

Penso que a técnica de frustração na psicanálise é um reconhecimento implícito dessa realidade. O psicanalista deve, de certa forma, resistir às tentativas do paciente de extrair do encontro psicanalítico toda a gratificação que os objetos anteriores de transferência não conseguiram propiciar. Logo, o analista não pode consentir com as exigências do paciente de que funcione como figura divina para ele. Não obstante, a superação da transferência não pode operar-se pela supressão do anseio do paciente por uma fonte de poder satisfatória. O analista, que é uma versão condensada de toda uma série de fontes de poder desapontadoras, não pode simplesmente repudiar a intensa, e talvez infinita, qualidade dos desejos e exigências do paciente. Por recusar-se a desempenhar o papel de objeto-transferência gratificante e onipotente desejado pelo paciente, o psicanalista implicitamente reconhece a própria finitude e como tal apresenta-se ao paciente. A técnica de frustração do analista é uma renúncia implícita a quaisquer atributos divinos projetados, bem como uma admissão da incapacidade de um ser humano funcionar como adequada figura salvadora para o outro. Entretanto, a postura de não-julgamento do analista, a recusa de suprimir o desejo do paciente, é implicitamente uma permissão para que o paciente busque uma base mais ampla, auspiciosamente adequada, para o desejo-transferência. Para Becker, é nossa busca dessa fonte adequada de coragem que energiza a vida religiosa e torna a religião teísta inteligível como contexto apropriado para a "resolução" de nossas propensões de transferência.[49]

Por conseguinte, o problema não é que sejamos indulgentes com a transferência. Essa é uma inevitabilidade humana, em vista da constante ameaça do não-ser e da necessidade que sentimos de encontrar alguma segurança, malgrado essa ameaça. Pelo contrário, o problema é que geralmente direcionamos nossa transferência para o "além" *finito* mais próximo, e não para o além infinito e transcendente. Como diz Becker: "... as pessoas precisam de um 'além', mas atingem primeiro o mais próximo, o que lhes proporciona a realização de que necessitam, ao mesmo tempo em que as limita e escraviza... A maioria das pessoas não se arrisca: escolhe o além de objetos de transferência padrão, como pais, o chefe, ou o líder...".[50] Como esses objetos de transferência são sempre limitados em sua capacidade de libertar-nos, não podem satisfazer nossas aspirações de uma fonte de poder adequada ou de uma liberdade fundacional.

---

[49] BECKER, op. cit., p. 174. Ver também RICOEUR. *The Conflict of Interpretations*, cit., pp. 440-467.

[50] BECKER, op. cit., pp. 169-170.

A LIBERDADE

Todavia, a superação de nossa projeção idolátrica de exigências impossíveis sobre objetos de transferência não consiste simplesmente em renunciar por completo à transferência, como Freud por vezes dava a impressão de determinar ao paciente, mas sim em permitir que a transferência descubra livremente o objetivo compatível de sua intencionalidade, ou seja, uma fonte de poder última e transcendente. Evidentemente, é trivial dizer que Freud jamais teria tolerado essa forma não-científica de "resolver" a transferência. Indiretamente, no entanto, o próprio fundador da psicanálise sugeriu tal possibilidade. Em carta ao pastor protestante Oscar Pfister, Freud pareceu reconhecer a dimensão religiosa da transferência, tanto quanto a incapacidade do analista em responder adequadamente a suas exigências:

> Se o paciente tivesse perguntado: "Como sabeis que meus pecados são perdoados?", a resposta só poderia ter sido: "Eu, o Filho de Deus, vos perdôo". Em outras palavras, uma exigência de *transferência ilimitada*. Suponha agora que eu dissesse a um paciente: "Eu, professor Sigmund Freud, perdôo seus pecados". Que tolice eu não teria feito![51]

Via de regra, a primeira descoberta de deficiência em nossos "objetos de transferência" representa um momento de grave crise para nós. Achamos difícil admitir e aceitar a finitude do cônjuge, dos pais, ou de autoridades benignas em que depositamos nossa confiança. Fazemos vistas grossas à fragilidade da vida familiar, às deficiências de nosso país, à absoluta falibilidade das Igrejas e de outras instituições de proteção social. Pois, sem que disso tenhamos consciência, extraímos dessas realidades a coragem de aceitar nossa vida em face do não-ser. Essas pessoas e instituições medeiam-nos a energia vital em virtude da qual vivemos. Admitir sua própria vulnerabilidade por vezes equivale a secar nossas fontes de poder e a deixar-nos com a sensação de completo desamparo. Por conseguinte, é compreensível que projetemos sobre essas entidades uma onipotência ilusória, uma numinosidade irrealista que esperamos seja proporcional à angústia do não-ser que intuímos como uma constante de nossa existência. Recusamo-nos a admitir que desse modo estamos tentando transformar essas fontes de poder finitas em fontes infinitas. E a impossibilidade desse projeto é tal que geralmente não a reconhecemos, até que experienciamos uma completa desilusão.

---

[51] Citado por HOMANS, Peter. *Theology after Freud*. Indianapolis, Bobbs-Merrill Co., 1970. p. 78. *Grifo nosso.*

O QUE É DEUS?

Quando, por fim, experimentamos essa desilusão, via de regra tentamos reformular nossa existência recorrendo a outros objetos de transferência finitos e disponíveis em nosso ambiente imediato. Com freqüência, só depois de reiteradas tentativas e da absoluta frustração em encontrar uma nova e permanente base de poder é que nos orientamos explicitamente para a busca de uma fonte suprema de coragem, compatível com a profundidade do não-ser em que se situa nossa existência. Por vezes, embora não necessariamente, é a experiência de profundo ressentimento com a finitude de nossas fontes de poder imediatas que nos leva a reconhecer o anseio que temos de fontes infinitas, que não se encontram à nossa disposição na órbita dos objetos, das pessoas e dos ordenamentos sociais finitos. A experiência da inadequação de nossas fontes de poder finitas pode conduzir-nos ao reconhecimento da adequação da idéia religiosa de uma fonte de poder suprema "inacessível" sobre a qual se assentam nossas próprias fontes imediatas de poder.

A ausência de Deus, portanto, torna-se inteligível a quem percebe que nenhuma entidade finita "visível" pode constituir por si só uma base de poder adequada para a coragem de que necessitamos a fim de aceitar nossa ameaçada existência. A exigência de que Deus seja "visível" deriva de uma idolatria de transferência. Essa exigência representa implicitamente uma redução de nossa existência por sujeitá-la exclusivamente à fragilidade dos seres finitos, acessíveis e manipuláveis. O divino deve ser "ausente" para transcender a finita condição de nossos objetos de transferência limitadores. Deus deve ser "ausente" para que possa constituir o fundamento de nossa liberdade.

A religião

A religião pode ser entendida, em termos normativos, quer como busca, quer como afirmação de um fundamento último da liberdade – liberdade não da, mas *apesar da* angústia. A religião é constituída por um "sentimento simbólico", de acordo com o qual as realidades finitas são aceitas como tais, e não encarregadas elas próprias da tarefa de libertar-nos da angústia existencial. A religião é a participação consciente em uma fonte última de coragem. Isso significa que a religião relaciona-se de forma especial com as coisas finitas. Essa forma consiste em desfrutar de tais coisas sem absolutizá-las. Mantém-se alerta contra a

60

possibilidade de *idolatria*, de que depositemos sobre coisas finitas a expectativa ilusória de que possam elas próprias conceder-nos a liberdade que desejamos. Vê "através" delas o "poder do ser" em virtude do qual tais coisas têm sua existência.

O supremo poder do ser, entretanto, não pode ser experienciado por nós independentemente de sua incorporação nas realidades finitas. É impossível apreender direta e despojadamente o horizonte último da liberdade e o fundamento da coragem. Só o intuímos, se é que o fazemos, à medida que se torna transparente através de meios finitos. Se percebemos sua realidade fundante manifestando-se por meio dessas coisas de forma especial ou decisiva, então podemos chamar de "símbolos" reveladores esses eventos, pessoas ou objetos mediadores. Se experienciamos esses fenômenos como simbólicos, é só porque simultaneamente os percebemos como transparentes a algo infinitamente maior do que eles próprios. Idealmente, portanto, não confundimos essas realidades finitas com aquilo que representam. Essencial a um genuíno sentimento religioso é a consciência de que todos os objetos e pessoas de nosso contexto imediato participam do "poder de ser" último e, em virtude dessa participação, são "reveladores" de algum aspecto da realidade última, mas não coextensivos a essa realidade. A consciência simbólica não confunde os símbolos com o que é simbolizado. Não tenta conter os objetos de nossa experiência imediata. Pelo contrário, libera-os para que sejam simplesmente eles próprios, ou seja, símbolos, sem impor-lhes expectativas irrealistas, pois os considera reveladores de algo maior do qual participam e do qual haurem a própria força para encorajarnos e deleitar-nos. É preciso muita força e coragem para relacionar-se com entidades finitas nesses termos. Mas não é apenas nesse relacionamento com tais entes que a liberdade pode apoderar-se de nós.

Deve-se enfatizar novamente que um senso propriamente simbólico permite-nos desfrutar e apreciar nosso contexto imediato. Tal senso não exige o rechaço do mundo finito, como fazem certas formas distorcidas de religiosidade. Um senso simbólico não reivindica o abandono ou a renúncia às nossas circunstâncias "seculares", pois, visto que encara todas as coisas como partícipes de um poder de ser supremo, declara-as boas. Cada coisa tem a capacidade de mediar a realidade última de maneira única e insubstituível. Cada existente merece nosso respeito por seu valor intrínseco. Além do mais, a consciência simbólica não admite desesperar de nosso mundo e de sua história. Em vez disso, examina o mundo e a história em busca de manifestações novas e mais profundas de seu horizonte último. Essa postura requer uma imersão em nosso mundo e em sua história, e não uma fuga em moldes gnósticos.

Ao mesmo tempo, por efetiva exigência do sentimento religioso, não devemos conferir a coisas finitas a aparência de importância máxima. Por libertarnos do apego ilusório às realidades imediatas, a simbolização religiosa proporciona-nos uma antecipação da liberdade que é nosso desejo mais profundo. Opera assim ao frisar que os símbolos com os quais nos relacionamos não são coextensivamente idênticos àquilo de que participam e a que se referem de maneira fragmentar. A percepção dessa diferença entre o símbolo e o que é simbolizado, entre os seres e o ser, não raro é perturbadora, e representa um dos principais percalços ao desenvolvimento de uma consciência religiosa corajosa e libertadora. Por vezes, a bondade e o poder das realidades finitas podem revelar-se tão inebriantes que não conseguimos distingui-las do fundamento de que participam e que constitui a fonte suprema de sua própria potência. Podemos ficar tão embevecidos com elas que as realidades finitas deixam de ser transparentes ao horizonte infinito do ser. Em função dessa atitude idolátrica, retiramo-las de seu contexto metafísico próprio para cultuá-las em esplendor à parte, reiterando que por si mesmos tais entes concedem-nos a libertação definitiva. Quando, ao final, se revelam incapazes de libertar-nos, permitem-nos ressituá-los na esfera dos símbolos, em que novamente podem ser avaliados pelo que de fato são.

Para a consciência religiosa, portanto, todas as coisas são intrinsecamente simbólicas. Encarando-as como símbolos, deixamos de fixá-las e a nós próprios em uma identidade por demais restrita. A consciência símbólica propicia-nos um senso de liberdade ao remeter todas as coisas e todas as pessoas a um horizonte supremo e infinito de ser. A religião é a busca e a antecipação desse horizonte como fundamento de nossa liberdade.

CAPÍTULO IV

A BELEZA

Vimos que o encontro com a profundidade, a futuridade e a liberdade requer que nos deixemos captar por elas. Via de regra, no entanto, nossa primeira reação consiste em nos esquivar à apreensão desses horizontes – que na realidade são três formas de pensar um horizonte único –, ao mesmo tempo em que somos irresistivelmente atraídos em sua direção. Em vez de permitir que a profundidade, a futuridade e a liberdade se apoderem imediatamente de nós, procuramos colocá-las sob nosso controle. Essa reação, no entanto, inevitavelmente redunda em fracasso, e ao final nos damos conta de que nosso bem-estar e nossa felicidade exigem que nos submetamos a tais instâncias.

Em parte alguma essa necessidade de sujeição revela-se mais patente do que em nosso encontro com a beleza. Para que nos seja dado experienciar a beleza da natureza, das outras pessoas, de um grande evento ou de uma obra-prima no campo das artes, é mister que nos deixemos "arrebatar" pelo fenômeno estético. Essa experiência de ser tomado pela beleza é um dos mais cristalinos modelos de que dispomos para expressar o que se acha envolvido na intuição do divino. Na realidade, é mais que um modelo. Podemos dizer mesmo que a experiência comum que temos da beleza já é um encontro com a realidade última.

A experiência da beleza é tão bidimensional quanto a experiência religiosa do sagrado. De um lado, a grande beleza é irresistível pela sedução e fascínio que exerce sobre nós. É um *mysterium fascinans* que nos compele e convida à capitulação. De longe em longe, todos nós sentimos o encanto da beleza, sobretudo quando se incorpora em outras pessoas, mas também nos esplendores da natureza, da música e da literatura. Ao mesmo tempo, sentimos a lancinante dor que acompanha toda experiência estética, em virtude da frustração do desejo que acarreta. Implicitamente, temos consciência do hiato que se estende entre a beleza corporificada em qualquer objeto específico de fruição estética e a beleza incomensurável a que aspiramos no mais recôndito de nosso desejo.

O QUE É DEUS?

Essa distância abissal é um *mysterium tremendum* à vista do qual retrocede-mos. Nosso recuo em face da suprema beleza assume a forma de fixação em objetos estéticos particulares e limitados, e essa fixação é acompanhada do embotamento de nosso profundo anseio de uma beleza maior e mais integral.

Em suma, nossa busca de beleza é uma busca do divino. A beleza que em última análise satisfaz, a beleza a que aspiramos mas que de nós se esquiva, eis o que a palavra "Deus" significa. Se essa palavra pouco significa para o leitor, tradu-za-a e fale da sublime beleza que persegue continuamente no mais íntimo de seu desejo. Para tanto, é bem capaz que tenha de esquecer muito do que aprendeu acerca de Deus, talvez até esse próprio nome. Pois, se sabe que Deus quer dizer "beleza" em grau máximo, muito já conhece a respeito do divino. Não pode então declarar-se ateu, pois não tem como pensar ou dizer: "Sou de todo indiferente à beleza". Se pudesse fazer essa afirmação com absoluta seriedade, seria ateu. Caso contrário, não. Pois na medida em que de alguma forma anela uma beleza mais ampla e mais profunda do que a que costuma experimentar, de certo modo já revela ter encontrado o divino no âmbito da própria vida ou pelo menos dá mostra de que foi apoderado pelo divino. Portanto, uma outra forma de conceber Deus é como horizonte de beleza máxima a que irresistivelmente é atraído.

Os estudiosos da religião geralmente fazem uma distinção entre experiên-cia religiosa e experiência estética (como devemos chamar a experiência da beleza). A religião, costumam dizer, implica o sentimento simbólico de uma di-mensão "inteiramente outra" que se torna transparente ao fiel nas imagens e objetos que representam e medeiam o "sagrado". A experiência estética, por outro lado, não se preocupa explicitamente com a transparência simbólica do objeto estético. Não tem de entender um objeto belo como representação de qualquer realidade sagrada que se encontraria "para além" desse objeto. O belo parece bastar-se a si mesmo, e não nos conduz, inevitavelmente, a uma outra dimensão, à diferença do que ocorre com o sentimento religioso.[52] Para muitas pessoas a quem o "sagrado" não significa absolutamente nada, o "belo" reveste-se de grande importância. Por conseguinte, deve-se estabelecer algu-ma distinção entre "o sagrado" e "o belo".

Podemos, no entanto, assentar tão nitidamente uma experiência com in-dependência da outra? Sinto-me desconfortável com uma distinção tão estrita

---

[52] Ver DUPRÉ, Louis. *The Other Dimension*. Garden City, New York, Doubleday & Co., 1972. pp. 228-242.

entre experiência estética e experiência religiosa. Uma tal segregação afigura-se artificial e dissociada do que efetivamente ocorre em nosso encontro com a beleza da realidade. Se ponderarmos bem o que se acha envolvido na experiência da beleza concreta, poderemos concebê-la em continuidade com nosso encontro com o divino. Ao experimentar a beleza em nossa experiência comum, já somos convidados à esfera da realidade última, mesmo que não desejemos interpretrá-la como tal. Em que pese isso, o que se pretende na seqüência é argumentar que esse é de fato o caso. Um exame de nosso encontro habitual com a beleza pode revelar-nos que também o belo é um *mysterium tremendum et fascinans* a que reagimos com a mesma vacilação ambivalente entre repulsa e atração que a experiência do sagrado evoca no *homo religiosus*.

Podemos afirmar conceitualmente o que faz com que as coisas se nos manifestem tão belas e algumas coisas tão mais belas que outras? Alfred North Whitehead, cuja filosofia é perpassada por considerações estéticas, diz-nos que a beleza é a "harmonia dos constrastes". O que nos faz apreciar a beleza das coisas é que compatibilizam nuança, pujança, complexidade e novidade, de um lado, e harmonia, regularidade ou ordem, de outro. Quanto mais "intensa" a síntese entre harmonia e contraste, maior a apreciação que fazemos de sua união. Nuança sem harmonia é caos, e harmonia sem nuança é monotonia. A beleza envolve a transformação de elementos potencialmente díspares em agradáveis contrastes harmonizados pelo padrão estético superior do objeto ou da experiência do belo.[53]

Um exemplo dessa harmonia dos contrastes pode ser visto em todo grande romance. O que torna um romance belo é o modo como articula em um todo unificado os diversos subenredos e caracterizações que muito facilmente poderiam causar confusão. Um romance medíocre é aquele que, pela exagerada preocupação com a estrutura geral, não consegue estabelecer tensão e conflito suficientes para dar conta da complexidade matizada exigida pela beleza. No extremo oposto, um romance inferior degeneraria em caos por não ser capaz de arrematar seus pormenores na unidade de uma narrativa única. Tanto a falta de harmonia como a ausência de complexidade empobreceriam a obra-prima artística. A apreciação que fazemos da obra de arte, ou de qualquer coisa bela,

---

[53] WHITEHEAD, Alfred North. *Adventures of Ideas*. New York, The Free Press, 1967. pp. 252-296; Idem. *Process and Reality*, ed. rev. David Ray Griffin e Donald W. Sherburne (eds.). New York, The Free Press, 1978. pp. 62, 183-185, 255 e *passim*; Idem. *Modes of Thought*. New York, The Free Press, 1968. pp. 57-63.

resulta de nosso implícito senso de que o belo estabelece um precário equilíbrio entre a ordem e a novidade que se articulam no objeto estético.

Se refletirmos a respeito dos elementos da beleza, no entanto, chegaremos à conclusão, igualmente enfatizada por Whitehead, de que *toda* realidade, pelo menos em alguma medida, é um fenômeno estético. Toda "entidade real" é uma síntese padronizada de elementos contrastantes. Nos objetos mais simples, os contrastes não são intensos, mas se fazem presentes pelo menos em alguma pequena medida. Nada seria absolutamente real, a menos que seus componentes fossem modelados de uma forma ou de outra. Quer se trate de um elétron, de uma criação artística, de uma pessoa, de uma civilização, quer do universo como tal, essas entidades seriam destituídas de qualquer identidade, a menos que seus elementos constitutivos fossem modelados de maneira definida. A "realidade" desses entes corresponde gradualmente ao modo e à intensidade de sua harmonia e contraste sintetizadores. Isso significa que todas as coisas são reais à medida que são belas, e todas as coisas são belas à medida que ordenam a novidade e a complexidade em contrastes estéticos.[54]

A beleza, portanto, tem o que os filósofos chamam de natureza "transcendental". Isso significa que "o belo" não é qualquer coisa específica, e sim um aspecto metafísico de todas coisas. (Ser, verdade, unidade, bondade e beleza são os "transcendentais" geralmente mencionados pelos metafísicos.) Só por isso temos razão para suspeitar que não podemos dissociar arbitrariamente qualquer possível encontro com a beleza da experiência do divino, tido como sumo exemplo dos "transcendentais".

Experienciamos a beleza na natureza, nos fenômenos físicos ou nas personalidades dos outros, na grande arquitetura, na arte, na música, na poesia e em outros gêneros literários. Um dos mais intensos exemplos de experiência estética, no entanto, encontra-se no espetáculo de uma narrativa heróica. Como tais relatos envolvem o *padrão narrativo* de luta, sofrimento, conflitos e contradições dentro de uma unidade complexa, sobressaem como um dos exemplos mais manifestos de beleza. Via de regra, o fato de sermos condicionados pelas narrativas dos grandes heróis é que efetivamente determina todo o nosso senso de realidade, de identidade pessoal e de propósito, tanto quanto a qualidade de

---

[54] Ver WHITEHEAD, Alfred North. *Religion in the Making*. New York, Meridian Books, 1960. p. 1-5.

nossa experiência estética em geral. Desde os primórdios da história humana, parece que a consciência dos povos, seu senso de realidade, sua identidade e seu destino são moldados fundamentalmente por seu senso do heróico, tal como se apresenta nas *narrativas* paradigmáticas de suas tradições. No mito, na lenda, na balada, na história, na épica e em outros gêneros narrativos, os povos formaram um regaço narrativo em torno de si com todos os componentes de constraste ordenado que aqui atribuo à beleza.

A identidade de todos nós é estabelecida pela interação que mantemos com o contexto narrativo de nossa existência. A percepção do sentido de nossa vida, na feliz hipótese de que tenhamos consciência de viver significativamente, é uma dádiva do regaço narrativo em que nos acomodamos. O sentido de nossa vida é determinado pela forma como cada um de nós participa da história que se desenrola constantemente. E onde as pessoas falam hoje de sua experiência de falta de sentido, de isolamento, de desenraizamento etc., tais experiências podem ser remetidas, quase que invariavelmente, a uma incapacidade de descobrir alguma narrativa significativa em que situar sua vida.[55]

Fazer parte de uma história na qual as contradições e os conflitos da própria experiência de vida são modelados em uma harmonia mais abrangente pela compatibilização dos contrastes narrativos é uma das experiências mais íntimas que podemos ter do belo. Esse encontro narrativo com a beleza, repito, é antes de tudo o que torna possível uma vida significativa para nós. É deixando-nos apreender por alguma narrativa provedora de poder que modele os momentos de nossa vida, que recebemos a coragem de aceitar as ameaças existenciais discutidas no capítulo anterior. O senso de uma beleza mais abrangente que situa nossas próprias experiências no bojo de um padrão esteticamente intenso é indispensável ao sentimento de viver em liberdade promissora. E é função do contexto narrativo de nossa vida proporcionar esse padrão.

Quando não há impressão de que as aparentes contradições de nossa vida estão sendo resolvidas em contrastes estéticos pelo desenvolvimento de uma narrativa compreensiva na qual nossas lutas, sofrimentos e alegrias são encerrados, verifica-se a experiência da falta de sentido. O sentimento de que não pertencemos a algo maior que nós, a dor de saber-nos apartados

---

[55] Sobre o significado de narrativa, ver NavONE, John & COOPER, Thomas. *Tellers of the Word.* New York, LeJacq Publishing, 1981.

O QUE É DEUS?

de qualquer embate heróico que daria continuidade aos momentos caóticos de nossa vida, no fundo é a falta do sentido de participação no belo.

Existe, portanto, um curioso paradoxo incluído na vida dos que já não estão harmonizados com as narrativas que conferem sentido à vida de seus companheiros. Com freqüência, os indivíduos mais alienados da harmonia estética proporcionada pelas narrativas tradicionais da origem, da identidade e do destino dos seres humanos são os artistas mais criativos de qualquer período específico. Como devemos entender esse paradoxo? É quase como se os gênios realmente criativos devessem ser sacudidos do aconchego e da segurança do regaço narrativo ocupado por seus contemporâneos e arremessados na desorientação e no isolamento doloroso, pelo menos por algum período. E até certo ponto, pelo menos, talvez uma desorientação temporária seja essencial para a intensificação estética da experiência de todos nós. Conquanto alguns dos que se arremessaram hajam perdido os próprios pontos de apoio e sucumbido à loucura, ao suicídio ou ao desespero silencioso, outros vieram a tornar-se criadores, agregando novidade e profundidade à busca humana de beleza. A criatividade é acompanhada pela ameaça de desordem, e esse parece ser o risco inevitável da intensa realização estética. Mas será que o gênio criativo de indivíduos únicos que se desiludiram com nossas narrativas não contradiz a tese de que precisamos de um contexto narrativo para dar padrão estético a nossa vida?

Diz-se que vivemos hoje uma era na qual a narrativa está perdendo domínio sobre a consciência, se não na vida cotidiana do indivíduo mediano, pelo menos na das pessoas críticas e criativas. Alguns estudiosos da religião chegam mesmo a sugerir que a era da narrativa passa por um "fechamento".[56] Seria difícil coligir dados sociológicos em apoio a essa proposição, considerando-se sobretudo a difusa participação de pessoas de todo o mundo em ideologias políticas e religiosas cujo verdadeiro poder consiste na tessitura das vidas humanas em modalidades específicas de narrativas "heróicas". Entretanto, independentemente do que possamos pensar a respeito de sua sociologia, esses estudiosos suscitam uma questão válida quando fazem remontar o declínio de um senso narrativo à desilusão pós-moderna com a idéia de transcendência. A "morte de Deus" parece acarretar o colapso da narrativa como a matriz de nossa

---

[56] Por exemplo, TAYLOR, Mark. *Erring: A Postmodern A/theology.* Chicago, University of Chicago Press, 1984.

vida. A incapacidade de pensar Deus de alguma forma significativa erode a idéia de que exista um sentido global para a história ou para o universo como tais. E quando o próprio cosmo e a história são percebidos como realidades desprovidas de propósito, então a narrativa individual (se é possível chamá-la assim) será encarada como nada mais que uma série temporal disjuntiva que se desfecha em um estágio surdo a qualquer clamor de sentido. Por conseguinte, sem o recurso de um fundamento transcendente, a narrativa inspiradora de vida pode reduzir-se a simples quimera. Uma vez que as pessoas começam a suspeitar de que não existe fundamento algum, as narrativas cósmica e histórica que procuram situar nossa vida no arcabouço geral das coisas também perdem seu poder. Devemos, portanto, aplaudir esses autores que de forma bastante coerente relacionam a extinção da narrativa ao sentimento da morte de Deus, e vice-versa.[57]

Um claro exemplo da tentativa de extrair essa inferência lógica e de situar a experiência humana fora de qualquer narrativa provedora de sentido pode ser observado no romance *O estrangeiro*, de Albert Camus. Meursault, o estrageiro, é alheio a todas as convenções e tradições sociais. Não chora durante os funerais de sua mãe, não consegue aderir ao projeto "normal" de criar uma reputação ou de construir uma carreira por meio do esforço individual, não revela entusiasmo pelo casamento, assassina um árabe a sangue-frio, não se dispõe a colaborar na própria defesa e serenamente aguarda a própria execução. No decorrer da vida, não acalentou esperança no futuro nem sentiu culpa ou pesar com relação ao passado. Vivia apenas no presente, ainda que não necessariamente ao estilo hedonista. Sentia-se parte da natureza, com seu sol, seu sexo e seu litoral, mas não de uma história capaz de vincular seu presente a um passado significativo ou a um futuro promissor. A vida do estrangeiro foi uma série de mônadas de experiências desconexas e atípicas, sem nenhum fio narrativo condutor a articulá-las. Meursault rejeita por inidônea qualquer tentativa da sociedade ou de seus líderes religiosos no sentido de encaixar sua vida em alguma estrutura narrativa. A idéia de um além-túmulo no qual a história humana pretensamente se "arremataria" afigura-se-lhe particularmente repulsiva.

Apesar disso, Meursault é "feliz". Enquanto aguarda a guilhotina, experimenta uma sensação de "liberdade" que é negada àqueles que se acham enredados

---

[57] Ver TAYLOR, op. cit., pp. 19-93.

nas narrativas de sentido cósmico e histórico. Está à margem da narrativa porque percebe a inter-relação entre Deus, justiça e história. Se não há justiça, Deus não existe; se Deus não existe, não há fundamento para nenhuma narrativa provedora de sentido. O simples fato da morte por si só demonstra a inexistência de eqüidade ou de justiça de última instância, e o repúdio a Deus e à história deriva tão-somente desse fato. A religião e a sociedade, contudo, são mantidas pela história, uma história que deve ser construída fraudulentamente com base na negação da morte. Um mero senso de honestidade com relação à morte, por outro lado, deve conduzir pela pura lógica a uma convicção da indiferença do universo. E a mesma lucidez deve convencer-nos do caráter falacioso de todas as ideologias de fundo narrativo que guarnecem a inteligibilidade fundamental do mundo com narrativas sedutoras de sentido último.

Podemos perceber no brilhante romance de Camus uma ilustração da simultânea perda do sentimento de Deus, da própria identidade, da história e da narrativa. Sem o respaldo de uma narrativa cósmica significativa, fundada na solicitude de uma realidade divina transcendente, a experiência individual contemporânea revela-se, via de regra, desprovida de qualquer padrão significativo. Se o contexto cósmico é frio e indiferente à experiência de vida do sujeito, então o indivíduo realmente criativo não tem outra alternativa senão partir para forjar uma nova beleza em termos inteiramente novos. Por conseguinte, a ausência de Deus, do mito, da tradição e da história, pelo doloroso isolamento que acarreta, é percebida por alguns escritores modernos, neste mundo supostamente destituído de narratividade, como uma oportunidade estética sem precedentes. O vazio deixado pela morte de Deus pode ser preenchido com os produtos de nossa própria criatividade, pois, como diz Nietzsche, "que poderia o homem criar se os deuses existissem?"

Qualquer tentativa de nossa parte, no sentido de pensar Deus hoje, não pode ignorar, mas deve antes apropriar-se, dessa desilusão moderna com o tipo de experiência estética que se encontra na história. Há que respeitar a sinceridade daqueles que aparentemente romperam com nossas narrativas tradicionais. Pois é de todo possível que as mesmas narrativas que dão sentido a alguns de nós sejam estreitas demais, em suas versões típicas, para acomodar a experiência e o sofrimento idiossincráticos de alguns indivíduos realmente criativos. A experiência desses artistas atormentados pode representar a oportunidade para que ampliemos nossas narrativas a fim de que levem em conta até a experiência moderna da falta de narratividade.

A BELEZA

Sugeriria, então, que a aparente ruptura de um senso narrativo não constitui necessariamente um sinal do absoluto evanescimento de um senso de transcendência. Pode ser entendida antes como um momento essencial de desmantelamento de estruturas narrativas restritas, de uma purificação que abre caminho para uma noção mais abrangente e "mais bela" da profundeza da realidade. A experiência do "fim da história" é, em suma, uma experiência do *mysterium tremendum*, do abismo que se estende entre nossas obsessões estéticas particulares e a narrativa mais ampla de uma beleza sublime que tem a propriedade exclusiva de satisfazer-nos. Em nosso anseio de uma experiência estética maximamente satisfatória, anseio de que dão testemunho conspícuo os artistas atuais desprovidos de narratividade, qualquer padrão de experiência local cósmica, mítica, nacionalista, histórica ou religiosa será percebido como estreito demais, como a substituição de todo o quadro por um esboço.[58] Dessa forma, a busca da verdadeira beleza envolve o que se pode chamar de "desconstrução" dos contextos narrativos que são exíguos por demais para comportar esteticamente toda a complexidade e todo o caos da experiência contemporânea.

"Desconstrução" é o nome dado a uma corrente significativa, especificamente francesa, da filosofia e da crítica literária contemporâneas. Reúne uma série de elementos de suspeita, de crítica e até de niilismo que podem ser encontrados no pensamento moderno, constituindo, portanto, um interessante exemplo do desencantamento com a história que estou discutindo aqui. O nome dessa corrente faz referência ao programa de desconstrução ou de desmantelamento de qualquer modalidade de pensamento ou de linguagem condicionada pelo senso tradicional de que existe uma realidade transcendente subjacente e significada pelos acontecimentos e pela linguagem comuns. E, como praticamente toda a nossa linguagem e literatura tradicionais são moldadas no cadinho das pressuposições teisticamente influenciadas acerca de "um significado transcendental", a desconstrução requer nada menos que um completo desmantelamento do discurso tradicional.[59]

---

[58] Nas palavras de Whitehead: "Existe, então, o mal da banalidade – um esboço em lugar de todo um quadro". WHITEHEAD, Alfred North. Mathematics and the Good. In: Paul Schillp (ed.). *The Philosophy of Alfred North Whitehead*. Evanston e Chicago, Northwestern University Press, 1941. p. 679.

[59] DERRIDA, Jacques. *Of Grammatology*. Trad. para o inglês: G. C. Spivak. Baltimore, Johns Hopkins University Press, 1976. pp. 6-26. Ver também TAYLOR, op. cit., pp. 16, 81, 84-85.

O QUE É DEUS?

Tradicionalmente, a crença em Deus leva-nos a acreditar que a história é providencialmente modelada em forma narrativa, que abrange o desenrolar dos acontecimentos a partir da criação, atravessa o período atual de luta histórica e culmina no fim dos tempos, com o pleno advento do "reino de Deus". Por sua vez, essa estrutura narrativa com seu "senso de arremate" molda a consciência de escritores e pensadores (tanto quanto de pessoas comuns), de sorte que um estilo narrativo de pautar a experiência de vida torna-se quase universal na cultura do Ocidente. A Bíblia e mesmo a própria noção de "livro" como tal baseiam-se no pressuposto de que a realidade é dotada de estrutura narrativa. E o indivíduo que vive no contexto de uma cultura moldada pelo "Livro" adquire seu senso de identidade pessoal por meio da hierarquia de narrativas que, em última instância, radicam na história de Deus.[60]

Os desconstrucionistas são extremamente sensíveis ao papel da narrativa na modelagem da consciência do Ocidente, mesmo em suas formas seculares (como o marxismo e o humanismo). Entretanto, também se mostram atentos ao fato de que todo o edifício narrativo, formado pela história universal da salvação e pelo conjunto de narrativas menores dramatizadas sob esse guarda-chuva narrativo, enraíza-se em última instância no senso do transcendente. Quais seriam então as conseqüências da "morte de Deus", da falta de algum fundamento universal de sentido? Nada menos que um colapso geral de toda a hierarquia narrativa. Se o horizonte do transcendente for removido, como se verifica em certa consciência pós-iluminista, então todas as histórias inscritas em nossa consciência segundo o modelo início-luta-arremate da religião ocidental serão destituídas de qualquer validade. Já não poderemos confiar na padronização estética de nossas narrativas heróicas herdadas, nem permitir-lhes que nos confiram um senso de identidade e de sentido. Com efeito, é questionável se a identidade e o sentido são de todo possíveis agora. É altamente duvidoso que a linguagem e a escrita possam referir-se a algo para além delas próprias. O discurso humano e a literatura não são mais que "jogo" de palavras desprovido de qualquer significação transcendente. A morte de um sentido do sagrado significa, literalmente, a morte da história, o fim da história, a extinção do "Livro" e o colapso da própria identidade no absoluto anonimato.[61] O estrangeiro camusiano tornou-se agora o ideal anônimo de todo homem.

---

[60] TAYLOR, op. cit., pp. 52-93.

[61] Ibidem.

72

A BELEZA

Em nosso esforço por pensar Deus, seria fácil demais para nós repudiar a iniciativa desconstrucionista simplesmente como uma outra modalidade de niilismo que se alimenta parasitariamente de idéias surradas de Nietzsche e do existencialismo francês. Pois em qualquer compreensão estética da realidade última, como a que apresento aqui, momentos "desconstrucionistas" são necessários para imprimir matiz e intensidade ao todo estético. Sem esse matiz, haverá uma insuportável monotonia, da mesma forma como sem harmonia haverá o caos completo. Por vezes, uma chocante exigência de caos é uma maneira de expressar revolta contra uma monotonia asfixiante. Mas a insatisfação com a monotonia é simplesmente o outro lado de nossa profunda necessidade de beleza. Soterrada na ira santa do caos oculta-se uma profunda aspiração de suprema beleza. Em seu protesto contra o confinamento da narrativa, os "desconstrucionistas" de todas as idades revelam um anelo de beleza absoluta com a qual podemos identificar igualmente a profundidade do desejo religioso.

A essa luz, o elemento "desconstrucionista" da crítica moderna, em seu desmantelamento aparentemente niilista da tradição, da história, da religião e da narrativa, pode ser propriamente interpretado como um momento contrastivo que matiza o padrão mais abrangente de beleza do qual continuamos para sempre nostálgicos. A forma como a consciência humana por vezes é congelada em padrões narrativos específicos merece o tipo de crítica negativa que se encontra na filosofia desconstrucionista. Em que pesem seus inevitáveis protestos em contrário, sugeriria que, como Nietzsche, sua crítica fosse dirigida menos à narrativa em si e mais à *fixação da narrativa*. Os desconstrucionistas não são de maneira alguma a ameaça mais significativa à integridade da história. Pois a extinção da história é a primeira de todas as conseqüências de nossa obsessão infantil com as versões particulares de uma tradição narrativa dinâmica. A tentativa de congelar uma tradição específica em um molde absolutamente conservador já representa o fim da história, o verdadeiro "niilismo" que atenta contra a sobrevivência da história. As fixações narrativas acarretam o fim da história, e, com ele, a impressão da morte de Deus, antes mesmo de os desconstrucionistas modernos darem início a seu trabalho. O próprio Nietzsche tinha bastante consciência do niilismo implícito contido na fixação narrativa superficial de boa parte da teologia e da espiritualidade cristãs. Ao introduzir prematuramente o "fim" da visão narrativa, ao não conseguir *esperar* em meio à luta e ao restringir o fim a dimensões sufocantes demais para satisfazer o desejo humano de infinito, a fixação da narrativa por si só já representa a morte da narrativa. Para ser pro-

O QUE É DEUS?

priamente narrativa, a história cósmica e humana deve permanecer em processo. Congelar artificialmente a história equivale a matá-la. Logo, a desconstrução da (fixação) narrativa a que nos referimos é um procedimento essencial de nulificação implementado a bem da sobrevivência da própria narrativa. Os relatos, as histórias e as cosmologias desmontadas pelos desconstrucionistas são, em meu entender, versões altamente caricaturadas com as quais alguns fiéis, mas não todos, sentem-se de certa forma desconfortáveis. Muito embora seus proponentes indubitavelmente o neguem, o desconstrucionismo anuncia não o fim da história em si, mas o fim das ingênuas fixações da história. E, portanto, pode ser visto como contribuindo, em última análise, para uma visão estética mais abrangente.

No entanto, o senso narrativo que nossos críticos corretamente associaram à idéia de Deus é de todo inerradicável. Seus próprios escritos revelam uma subcorrente narrativa de que nem sempre se dão conta. Eles próprios narram uma história sobre a história. Suas narrativas têm um começo, um período de luta e um fim. Os desconstrucionistas se vêem vivendo os "últimos dias", quando a história e a narrativa chegam a um fim, quando um eterno "jogo" de linguagem manifesta-se escatologicamente.[62] Por ironia, geralmente invocam e transformam velhos mitos (relatos) como os de Sísifo, Eros, Tot Prometeu, Zaratustra e outros para instruir-nos acerca da futilidade do mito. Na própria execução própria da atividade de desconstrução da narrativa, evidenciam o caráter inerradicavelmente narrativo de toda experiência e consciência humanas.

No anúncio que faz do "encerramento" (que não necessariamente significa fim cronológico) da história, do eu e da narrativa, e no endosso que confere a um amorfo e insignificante jogo de linguagem, portanto, o desconstrucionismo também não consegue proporcionar-nos a realização estética máxima a que todos nós aspiramos. Em última análise, essa filosofia não é um espaço no interior do qual possamos viver. Se tem algum valor em termos de nossas necessidades estéticas, é só como um "momento" do processo tendente a uma visão narrativa mais abrangente da beleza do que a permitida por nossas fixações narrativas. Infelizmente, por rejeitar a tensão inerente à narrativa e pela tentativa artificial de forçar o *eschaton* a operar nos estreitos limites temporais do presente,

---

[62] Ibidem, pp. 118, 134 e *passim*.

ela é reduzida a mais uma modalidade das evasões gnósticas da história a que as pessoas religiosas são constantemente tentadas, sempre que se sentem cansadas de esperar e de lutar. Novamente, vale a pena recordar as palavras de Tillich: "Somos mais fortes quando esperamos do que quando possuímos". Isso se aplica não apenas à nossa busca de profundidade, mas também à nossa busca de uma beleza suprema.

A ausência de Deus

Ao final de nossa busca de uma experiência estética plenamente satisfatória, sempre nos resta algum fator de descontentamento. Em primeiro lugar, a intensa experiência da beleza nunca se prolonga indefinidamente. As sensações mais memoráveis de havermos sido arrebatados pela beleza amiúde são apenas instantes que rapidamente se evanescem e resistem a uma repetição adequada. Em segundo lugar, existe sempre uma esfera de nossa aspiração estética que se mantém insatisfeita, mesmo pelos encontros mais pungentes com pessoas, música, arte ou fenômenos naturais belos. Não é difícil a qualquer de nós recordar-se de exemplos de intangibilidade da beleza ocorridos em sua própria vida. Ao que tudo indica, somos absolutamente incapazes de controlar a beleza, devendo antes esperar pacientemente que sejamos chamados à sua apreensão.

A experiência de jamais sentir-se inteiramente satisfeito com as experiências estéticas particulares é decerto frustrante. Pode mesmo incitar alguém a uma interpretação "absurda" da realidade. A incapacidade das manifestações estéticas particulares em satisfazer a infinitude de nosso desejo do sublime pode ser facilmente entendida como apenas uma outra ilustração da insuperável incompatibilidade entre o homem e o universo. E seria muito difícil oferecer refutação empírica a essa visão trágica.

Todavia, existe uma outra interpretação pelo menos igualmente plausível de nossa frustração estética. Deriva de nossa tese segundo a qual, em última análise, o belo é o divino, um *mysterium tremendum et fascinans*. E se o divino é o belo ou sublime, então, de acordo com o que observamos em cada um dos capítulos anteriores, não devemos esperar muito apreender a beleza, mas deixar-nos apreender e arrebatar por ela. Entretanto, como também já enfatizamos, nossa reação inicial geralmente é de resistência e até de negação do delicado

O QUE É DEUS?

envolvimento de nossa existência pelo *mysterium*, nesse caso, o belo. A frustração estética, portanto, não é tanto uma incapacidade do belo em satisfazer-nos, e sim o resultado da atrofia de nossa sensibilidade estética a dimensões restritas que nos "protegem" do belo. A interpretação "absurda" frisaria que nossa frustração estética é o resultado do fato de que, enquanto nós temos uma capacidade insaciável, infinita mesmo, de experienciar a beleza, a realidade é limitada em seu potencial de satisfazer nossas necessidades. Por conseguinte, o absurdo situa a fonte de nossa frustração no próprio universo, e não na possível limitação de nossa própria percepção estética.

Por outro lado, a visão que aqui apresento sustenta que as "portas" de nossa percepção talvez sejam acanhadas demais para a inserção da plenitude do belo, ao passo que o recesso de nossa consciência continua a ansiar no vazio por uma beleza que o completaria e para o qual nossa percepção é inadequada. A frustração estética decorre da inadequação de nossas faculdades perceptivas à nossa profunda necessidade interior da beleza sem limites. A visão absurda parece fundada em uma noção irrealista de percepção.

Whitehead mostra como um conceito extremamente limitado de percepção predomina em boa parte do pensamento moderno, incluindo nossa concepção de beleza.[63] De acordo com a visão geralmente aceita do pensamento moderno empiricamente orientado, os cinco sentidos são os únicos canais de nossa percepção. Para estabelecer contato com o mundo real, somos instruídos a atentar primeiramente para os dados que nos chegam à mente por meio dos sentidos do paladar, do tato, do olfato, da audição e sobretudo da visão (naturalmente facilitada por instrumentos científicos de percepção). Todavia, sem negar que nossos sentidos efetivamente nos colocam em contato com o mundo real, Whitehead salienta que os sentidos proporcionam-nos tão-somente um alcance por demais abstrato e estreito do universo. São inadequados para mediar a absoluta complexidade – e beleza – do mundo em que nos encontramos organicamente situados. Captam apenas uma estreitíssima dimensão do mundo contemporâneo, deixando para trás a incomensurável profundidade temporal e a intensidade estética do universo como um todo. Dessa forma, geralmente tendemos a ignorar a configuração estética mais abrangente da realidade, na

---

[63] Ver WHITEHEAD, *Process and Reality*, cit., pp. 110-126; 168-183; Idem. *Modes of Thought*, cit., pp. 148-169; Idem. *Symbolism*. New York, Capricorn Books, 1959. pp. 12-59.

medida em que é descartada pelas claras e nítidas impressões que os cinco sentidos nos transmitem.

Todavia, também dispomos de um modo de sensibilidade mais profundo e mais compreensivo que subjaz à clareza da percepção sensorial. Em um modo de sensibilidade de todo físico ou "visceral", estamos constantemente percebendo aspectos da realidade que extrapolam os dados evidentes da percepção sensorial. Na totalidade de nosso organismo, estamos ligados às tendências dinâmicas de um universo evolutivo de formas que não são claramente apresentadas pelas impressões sensoriais. Vaga e difusamente, nós mesmos *estamos sendo modelados por* um todo estético, o universo, segundo formas das quais não temos consciência explícita, e de uma maneira que não podemos controlar. Nossa modelagem por essa totalidade maior é um modo "causal" de percepção, mais profunda, se não mais clara, do que a percepção sensória. No processo pelo qual somos influenciados pelo universo em que nos inserimos, efetivamente sentimos ou "percebemos" o cosmo em um nível mais profundo do que o que se verifica no plano da percepção sensória. Por conseguinte, a percepção sensória não é senão uma fina camada externa do sentido profundamente orgânico que temos da realidade, na medida em que configura nossas experiências e sintetiza nossa existência em si mesma.

Ao distinguir entre a região claramente definida dos dados dos sentidos e a percepção orgânica mais difusa, embora mais profunda, que subjaz à sensação, Whitehead nos proporciona uma doutrina da percepção que possibilita entender também a "ausência de Deus". Deus é necessariamente absconso em relação ao campo dos objetos sensíveis pelo simples motivo de que a percepção sensória é estreita demais para revelar-nos os aspectos mais profundos e mais importantes da realidade. A percepção sensória não é capaz sequer de colocar-nos em contato com a configuração estética mais abrangente de nosso universo. Como, então, podemos esperar que nossos sentidos, orientados como são para o momento presente, nos forneçam uma clara representação do que se diz ser a fonte da beleza do mundo e o destino último de sua evolução estética? A exigência de que Deus seja acessível à esfera das entidades sensorialmente verificáveis radica em uma inadequada filosofia da percepção. Ironicamente, essa filosofia, malgrado seu propalado serviço ao imperativo empírico, é de todo não-empírica pelo desconhecimento que revela em relação aos aspectos profundos de nossa perceptividade, e dogmática por restringir a percepção ao nível máximo de nossa sensação pluridimensional do universo.

O QUE É DEUS?

Se nossa percepção comum é inadequada ao padrão estético mais amplo até de nosso universo, com certeza também o é a qualquer beleza "última" transcendente ao próprio universo. Assim, uma doutrina mais ampla da percepção, tal como a de Whitehead, há de permitir que aceitemos intelectualmente a inacessibilidade de Deus a qualquer processo verificacional que busque clareza e distinção sensíveis. Não que o divino não seja experienciado de forma alguma. A questão é que nossa percepção *sensorial* é por demais restrita para conter a plenitude da beleza que é o divino. Seria mais apropriado dizer que (por intermédio do modo "causal" de percepção) sentimos a plenitude da beleza mais como algo que nos envolve do que simplesmente como um dado da percepção suscetível de controle. Essa experiência, no entanto, é mais profunda e mais indeterminada do que a experiência dos sentidos, razão pela qual não é tão evidente em sua clareza quanto gostaríamos que fosse. Logo, é facilmente ignorada ou reprimida. Mas a ausência de Deus do âmbito exíguo dos objetos da percepção sensória é necessária se pretendemos experienciar a infinita beleza que é o divino (e por ela ser experienciados).

A experiência da frustração estética, por ser incapaz de cumular-nos de suficiente beleza, poderá tornar-se tolerável se nos deixarmos, e a própria vida, moldar pela suma beleza, em vez de tentar controlá-la obsessivamente. A frustração, como ensinou o Buda, é o resultado do desejo descabido. E, segundo o consenso das principais tradições religiosas e da sabedoria filosófica, a renúncia aos desejos incompatíveis com a condição finita de nossa existência é o requisito indispensável de qualquer satisfação propriamente humana. Isso se aplica igualmente à aspiração estética e a quaisquer de nossos desejos. *Devemos deixar que nosso próprio desejo capte o belo a fim de que se transforme em desejo de ser captado pela própria beleza.* Em termos concretos, isso significaria deixar-nos incorporar, e a nossas próprias histórias de vida, na incomensurável narrativa evolutiva do próprio universo. Deveríamos abrir mão de qualquer tentativa de impor coercitivamente a estreiteza de nossas próprias narrativas a esse todo inimaginável. Teríamos de reconciliar-nos com o fato de que não dispomos de nenhum ponto de observação absoluto a partir do qual poderíamos apreciar a totalidade da cena cósmica à medida que se desdobra. Afinal, somos apenas um pequeno fragmento da narrativa contínua de uma configuração estética universal, e dessa forma não temos condição de compreender o quadro em sua totalidade. Nossa vida, com suas alegrias e pesares, pode contribuir para o que Whitehead chama de "contraste necessário" à narrativa cósmica universal, sobre a qual,

78

porém, não devemos exercer qualquer controle. Pelo contrário, a narrativa universal da beleza procura incorporar-nos a seu bojo e convida-nos a fazer de nossa vida um contributo a ela. O sentido de nossa vida é entregar-se à síntese criadora desse processo estético narrativo, é tornar-se parte de um processo de contínuo aprofundamento da beleza do universo. Para efetuar essa autodoação, devemos conter o impulso de fazer do divino uma propriedade passível de verificação, nos termos da limitação dos dados sensórios atualmente disponíveis. Cumpre-nos aceitar a "ausência de Deus" como condição necessária à intensidade e à significação estéticas de nossa vida.

A religião

Se o divino for pensado como beleza excelsa, como haveremos de entender a religião? Em sentido mais amplo, a religião pode ser concebida como busca do belo, como culto ou sujeição ao processo cósmico que dispõe a novidade segundo constrastes estéticos mais intensos, ressaltando, assim, a encarnação da beleza em nosso mundo. O nome que Whitehead dá à incessante busca de formas cada vez mais intensas de novidade ordenada é *aventura*.[64] E em sua pura e reta essência é isso que a religião é. Religião é aventura.

O termo "aventura" imediatamente sugere risco. Toda iniciativa temerária envolve um elemento de risco, sem o qual não haveria nada de realmente "arriscado". Qual é ao certo o risco envolvido na aventura? Uma vez mais, devemos responder nos termos dos elementos da teoria estética que aqui estamos desenvolvendo.[65] Como a aventura sempre envolve a busca de novidade, existe o risco de que a introdução de novos elementos em qualquer situação atualmente estabelecida se faça acompanhar da ameaça de desordem, já que a velha ordem há que ser descartada para que ceda espaço à nova. É quase inevitável que haja um momento de desordem ou de desconstrução à medida que os elementos são reconstruídos dentro de um padrão mais intenso. Desse modo, a introdução da novidade às vezes pode ser tão diruptiva que existe até a ameaça do caos. Já vimos que, para que a beleza ocorra, é preciso que haja um equilí-

---

[64] WHITEHEAD, Alfred North. *Adventures of Ideas*. New York, The Free Press, 1967. pp. 265, 241-272.

[65] Ver meu livro *The Cosmic Adventure*. Ramsey/New Jersey, Paulist Press, 1984. pp. 98-106, 119-137.

O QUE É DEUS?

brio entre harmonia e contraste e entre ordem e novidade. Sem o contraste proporcionado pela novidade haverá uma monotonia inestética, mas sem uma disposição harmoniosa haverá a fealdade da discórdia. Dessa maneira, o risco envolvido em qualquer busca intrépida de novidade é um risco estético, o risco de uma desordem que sobrepuja a harmonia necessária para transformar conflitos, desacordos e contradições em contrastes esteticamente satisfatórios. Por outro lado, se há necessidade de novas peripécias ou nuanças como, por exemplo, na escrita de um romance, e o autor se recusa a introduzi-las no roteiro, o resultado então será uma produção insuportavelmente banal, incapaz de suscitar nosso interesse estético. Nesse caso, existe o risco de monotonia, e isso também significa incapacidade de atingir a beleza.

O próprio universo em que habitamos pode ser concebido – e a ciência corrobora essa posição – como aventura. Afigura-se como uma busca de formas cada vez mais intensas de novidade ordenada, busca essa que perdura há cerca de quinze bilhões de anos. À medida que evoluiu de elementos pré-atômicos para a emergência da vida, e daí para o surgimento da humanidade e da civilização, parece ter experimentado infinitas variedades de novidade ordenada. Esses experimentos temerários só afugentaram a monotonia correndo o risco do caos da extinção pela seleção natural e por outras pressões da evolução. E nossa história humana dá conta de semelhante narrativa de aventuras que acarreta o caos ou o avanço criador. Todas as vezes que ocorre avanço (esteticamente medido em termos da intensidade da novidade ordenada), é à custa de grande risco para as formas predominantes de ordem.

A religião deve ser vista em continuidade com os episódios de aventura repletos de risco do universo, caso contrário não guarda relação com o restante da realidade. Se é um desenvolvimento evolutivo realmente apropriado e significativo, e não simplesmente um outro beco sem saída, é preciso que a religião incorpore o espírito de aventura. Em sua melhor forma, sempre o fez; em sua pior forma, no entanto, imprimiu muita fealdade à civilização.[66] Com muita freqüência, talvez, as religiões históricas concretas aliaram-se às forças da monotonia. Como ensinam uma doutrina da ordem suprema, seus ensinamentos facilmente se pervertem em sanções divinas a uma ordem sociopolítica empírica em particular. Dessa maneira, a religião torna-se pouco mais que legitimação

---

[66] Ver WHITEHEAD, *Religion in the Making*, cit.; Idem. *Science and the Modern World*. The Free Press, 1967. p. 192.

A BELEZA

sagrada do *status quo*. Nessa condição, funciona como fator impeditivo do avanço da beleza. A "religião", portanto, alimenta nossa aversão à aventura. E perde a vitalidade todas as vezes que censura o risco que a abertura à novidade requer. Uma religião meramente conservadora, enquanto manifesta um compreensível amor à ordem, promove a estagnação da monotonia e a fixação da narrativa. E se apropriadamente identificamos o divino com o belo, então uma religião com semelhante perfil opõe-se a toda sujeição cabal à realidade última.

Em sua melhor forma normativa, no entanto, a religião também tem-se revelado como o componente mais aventuroso na evolução histórica da consciência humana. Sua predisposição à novidade e o risco envolvido nessa abertura são evidenciados nos grandes inovadores e visionários religiosos (como, por exemplo, o Buda, Moisés, os profetas, Jesus, Paulo, Muhammad, Francisco, Lutero etc. e seus devotos). A voz desses indivíduos foi e continua sendo a mais dissonante e perturbadora de todas. Mas o caos que amiúde deixam à sua passagem não é o resultado de qualquer doutrina deliberadamente desconstrucionista da desordem da parte deles. Pelo contrário, é a conseqüência da visão que tinham de uma ordem transcendente última que enfeixa a novidade e o contraste mais amplos possível. Tentando implantar a própria visão no escopo contemporâneo da consciência humana, aqueles homens e seus discípulos inevitavelmente perturbaram a monotonia do *status quo*. Um espírito religioso realmente afeito à aventura sempre subverterá o culto à monotonia, ao mesmo tempo em que promete contentamento máximo.

Parece-me que, se podemos extrair algum elemento comum da extrema diversidade das religiões aventurosas, é a seguinte exortação: não se fixe em uma ordem que lhe seja limitada demais. Seja fiel ao amor que tem pela ordem, pois sem ela nada existe. Mas lute por uma ordem tolerante à novidade e aos conflitos. A ordem que em última instância satisfaz não é uma harmonia que se alcança à custa da supressão do conflito entre seus elementos constitutivos. Abra-se à novidade mesmo quando acarrete uma discórdia momentânea, pois, no quadro mais amplo das coisas que se acha para além de sua compreensão atual, prevalecerá a beleza. A beleza sublime assegurará que toda disposição das coisas há de ser boa. A profundidade de sua existência, seu futuro absoluto, o fundamento de sua liberdade, tudo isso constitui a beleza em grau supremo.

CAPÍTULO V

A VERDADE

O que queremos mais do que tudo? Qual nosso mais profundo desejo? Quantos de nós podem responder com sinceridade: "A verdade – o que mais queremos é a verdade a respeito do universo, das outras pessoas e sobretudo de nós mesmos"? Será a verdade o que de fato mais intensamente queremos? Ou não estaríamos em melhor situação se fôssemos poupados da verdade? Soren Kierkegaard escreveu: "... os homens em geral estão longe de considerar a relação com a verdade como o bem supremo, e estão igualmente longe de considerar, em termos socráticos, que viver na ilusão seja o pior dos males".[67] Por que será que nem sempre estamos interessados na verdade, e em vez disso amiúde procuramos guarida nas ilusões?

Talvez isso se explique pelo fato de que o desejo de verdade não é a única paixão que governa nossa vida consciente e instintiva. Uma breve reflexão basta para lembrar-nos de que somos constituídos por um emaranhado de tendências, desejos, anelos, aspirações, anseios e esperanças. Curiosamente, os habitantes dessa selva de desejos muitas vezes estão em conflito entre si. Uma parte de nós pode querer gratificação sensual; outra, segurança; outra, poder; outra, sentido; outra, aprovação. Além disso, um desejo pode sobrepor-se a outro, de sorte que seu desemaranhamento afigura-se claramente impossível. O mais das vezes é difícil determinar qual dos desejos é o dominante ou a qual de nossas diversas inclinações devemos confiar o curso de nossa vida. Não raro fazemos experiências com uma gama de impulsos antes de nos comprometer com algum deles como nossa opção fundamental. Talvez uma busca séria da verdade seja um dos últimos de nossos desejos a ser aceito como força dinâmica em nossa vida, porque existe uma grande competição por parte dos outros impulsos que se contentam inteiramente com as ilusões.

---

[67] KIERKEGAARD, *The Sickness Unto Death*, cit., pp. 175ss.

O QUE É DEUS?

Apesar disso, a mensagem de nossos grandes clássicos religiosos, literários e filosóficos é que, de fato, existe apenas um desejo no qual podemos fiar-nos na condução à genuína felicidade: nossa sede de verdade. Só quando subordinarmos nossas demais inclinações ao *eros* pela verdade é que então encontraremos aquilo que buscamos. Quão dominante, contudo, é esse desejo em nossa própria existência consciente? Talvez a paixão por alcançar a verdade ainda não desempenhe um papel fundamental em nossa vida. "Quero a verdade" pode ser apenas um tentativo e quase inaudível balbucio por sob muitas camadas de desejo pouco interessadas na verdade. Às vezes podemos conjeturar por que os profetas, os visionários e os filósofos se empenharam tanto na busca da verdade, considerando-se sobretudo a baixa predisposição que a ela existe em nossa própria vida.

Que é a verdade? Pode ser definida? Ou não recorremos implicitamente a ela mesmo ao tentar defini-la, de modo que toda tentativa de definição é circular? Uma experiência interessante seria fazer uma pausa a essa altura e procurar definir "verdade". A clássica definição de verdade é a "correspondência da mente com a realidade". Mas o que é realidade? Pode ser definida? O termo "verdade" não só se refere amiúde à postura cognitiva de quem se acha em contato com a "realidade", como também pode ser utilizado intercambiavelmente com a própria realidade. Em outras palavras, a verdade pode ser entendida quer epistemologicamente (enquanto se refere à correspondência de nossa mente com a realidade), quer metafisicamente (como o nome da realidade com a qual nossa mente está em contato). Em certo sentido, a verdade significa a congruência da mente com o ser, com o real, com o verdadeiro. Na seqüência, entretanto, utilizarei o termo "verdade" fundamentalmente no sentido metafísico, ou seja, como "ser", o "real" ou o "verdadeiro", entendido como a meta de nosso desejo de realidade. Por outras palavras, empregarei os termos "verdade", "ser" e "realidade" intercambiavelmente.

Parece que, no caso da verdade, estamos lidando novamente com um "horizonte" que escapa a nossos esforços de controle intelectual e de adequada definição. Seja como for, a verdade nos definiria mais do que nós a ela. Em se tratando do encontro com a verdade, seria apropriado dizer que nos colocamos mais na situação de quem é capturado do que na de quem exerce o ativo papel de capturador.

Talvez, portanto, possamos falar da verdade apenas em sentido "heurístico", ou seja, como algo que estamos buscando, mas que nunca se deixa captar inteiramente pelos instrumentos de descoberta. Podemos falar da verdade mais

84

como o "objetivo" ou meta de certo tipo de carência interior do que como algo de que pretendemos apoderar-nos com toda a firmeza. Entretanto, embora não possamos possuir a verdade ou deixar de pensar nela, temos condição pelo menos de reconhecer claramente, entre a multiplicidade de nossas aspirações, um *desejo* de verdade, mesmo que não seja ainda um impulso poderoso. Uma breve reflexão sobre nosso próprio processo de pensamento confirmará a presença desse desejo em nossa consciência.

O leitor poderá perguntar-se agora: "Será que existe mesmo algo dentro de mim que quer a verdade?". Não é necessária nenhuma evidência suplementar ou mais imediata de que o leitor realmente tem um desejo desse tipo. O simples fato de que se faz tal pergunta constitui evidência suficiente.

É na formulação dessas questões, na realidade de quaisquer questões, que temos a evidência mais patente de nossa aspiração inegável à verdade. Podemos chamar essa aspiração simplesmente de *desejo de conhecer*. Talvez ainda não esteja altamente desenvolvido dentro de nós. Talvez seja o único um balbucio facilmente ignorado, um impulso eventual prontamente recalcado. Apesar disso, é bem possível que seja a parte mais profunda e inerradicável de nós próprios, a essência mesma de nosso ser. Talvez se revele que, de todas as nossas aspirações e desejos veementes, nosso desejo de conhecer seja aquele a cujo ardor podemos nos entregar sem reservas. É provável que só uma adesão resoluta a nosso desejo de conhecer a verdade possa levar-nos a um genuíno encontro com a profundidade, com o futuro, com a liberdade e com a beleza.

Em que pese isso, é bem capaz que já tenhamos desistido da busca da verdade, dizendo a nós mesmos: "Não existe verdade definitiva; a verdade é relativa às preferências subjetivas de cada pessoa; a verdade é uma convenção social útil; a verdade não pode ser encontrada". Se tivermos sido tentados a conclusões como essas, talvez nos sirva de consolo saber que alguns renomados filósofos também ensinaram essas mesmas "verdades". Mas também devemos observar que outras mentes brilhantes — a maioria delas, de fato — demonstraram a contradição desses dogmas nos próprios termos.

Suponha, por exemplo, que alguém alegue a impossibilidade de conhecer a verdade. Isso pode ser traduzido da seguinte forma: "É uma *verdade* que não se pode conhecer a verdade". Essa afirmação é contraditória nos próprios termos porque apela à nossa capacidade de conhecer a verdade (pelo menos a verdade do enunciado anterior) no ato mesmo de negar que tenhamos tal capacidade. Ignora o fato de que implicitamente apelamos à nossa confiança na verdade toda vez que levantamos uma dúvida acerca de alguma coisa ou sempre que dizemos: "Ocorre que tal e tal coisa é assim". Nunca podemos esperar convencer as outras pessoas de que mesmo esse relativismo é uma posição filosófica verdadeira, a menos que admitamos de antemão que essas outras pessoas sejam capazes de reconhecer a "verdade" de nosso ceticismo. Por conseguinte, mesmo que às vezes possamos desesperar de que um dia encontraremos a verdade, não temos condição de extirpar o desejo que por ela sentimos ou nosso implícito recurso aos critérios de verdade toda vez que empregamos o verbo "ser".

Todo ato de julgamento ou de questionamento pressupõe a possibilidade de que encontremos a verdade. Sem uma "fé" implícita em que a inteligibilidade e a verdade podem ser encontradas não teríamos coragem nem de procurar compreender nem de fazer julgamentos sobre o mundo que nos rodeia. Se no fundo de nós mesmos alguma voz cínica dominasse nossa consciência dizendo: "Não existe inteligibilidade nem verdade a ser descoberta, quer no mundo, quer em você mesmo", jamais nos formularíamos sequer uma questão. Todavia, pelo fato de que formulamos indagações e fazemos julgamentos (mesmo, por exemplo, "é *verdade* que não *existe* inteligibilidade ou verdade") fornecemos amplas evidências de que não podemos erradicar nossa confiança primordial na inteligibilidade e na verdade da realidade. Gostemos ou não, estamos irremediavelmente vinculados à verdade – mesmo quando dela fugimos. Já vimos que o mesmo se aplica à nossa relação com a profundidade, com a futuridade, com a liberdade e com a beleza.

Afirmei anteriormente que a evidência direta de que temos desejo de conhecer reside no simples fato de nos surpreendermos fazendo indagações espontaneamente. Se nos pegamos questionando isso, então é porque temos o desejo de conhecer. Se nos perguntamos pelo sentido dessas reflexões específicas, ou se encerram alguma verdade, então esse questionamento espontâneo constitui uma evidência de nosso próprio desejo de conhecer. Temos o desejo de conhecer a verdade, o que se revela prontamente na própria formulação de perguntas simples.[68]

---

[68] Esse exercício de autoconsciência cognitiva, e muito do material nesse capítulo concernente a nosso "desejo de conhecer, deriva do grande teórico cognitivo e filósofo Bernard Lonergan. Ver especialmente seu livro *Insight: A Study of Human Understanding*. 3. ed. New York, Philosophical Library, 1970.

A VERDADE

Há, no entanto, diferentes modalidades de questões. Algumas de nossas questões têm por objeto ou a essência de uma coisa ou seu sentido, inteligibilidade e significado. Esse tipo de pergunta encontra resposta quando nos damos conta da essência de alguma coisa, quando temos um "*insight*". Se o leitor der por si conjeturando o que o autor deste livro está tentando explicar nessas sentenças, estará diante de um exemplo do primeiro tipo de questionamento. É o que se pode chamar de "questão de entendimento", que atingirá sua meta quando o leitor se descobrir dizendo: "Ah! Agora entendi o que o autor quis dizer".

Todavia, o alcance da compreensão não encerra o processo de questionamento. É que nem todo *insight* tem encaixe na realidade, podendo haver casos em que a ilusão e a verdade interpenetram-se no processo de compreensão. Dessa forma, um segundo tipo de indagação surge espontaneamente, levando-nos a cogitar se os nossos discernimentos ou os das demais pessoas são *verdadeiros*. Por exemplo, se ao ler este capítulo o leitor chegar a declarar: "Entendi o que o autor quis dizer", é possível que surja uma inquietação do seguinte tipo: "Ok, entendi o que o autor quis dizer. Mas será pertinente sua observação? Será compatível com os fatos de minha própria experiência? Terá suporte na realidade? Será verdadeira?". Esse tipo de questionamento evidencia que o interlocutor não se satisfaz com o simples discernimento e compreensão. Quer discernimento *verdadeiro* e compreensão *correta*. Indaga, portanto: Será *realmente* assim? Esse ou aquele ponto de vista terá correspondência com a realidade? Será um fato?

Podemos chamar esse segundo tipo de "questão de reflexão", ou simplesmente de "questão crítica". São especialmente as questões críticas que fornecem evidência de nosso desejo de conhecer e de nossa insatisfação radical com a mera compreensão. Queremos ter certeza de que nossos discernimentos, hipóteses e teorias são consistentes com a realidade, pois do contrário não nos deixarão satisfeitos. Essa inquietação em face do simples "pensar" leva-nos a adotar procedimentos de "verificação" para aferir se nossos *insights* e compreensão encaixam-se ou não com o mundo real, se são ou não congruentes com a realidade. Nossa insatisfação com o simples pensamento, por mais engenhoso que possa ser, é que nos conduz ao "conhecimento". Nossa impressão de que conhecer é mais significativo do que simplesmente pensar deriva do fato de nos deixarmos motivar por um "desejo de conhecer".[69]

---

[69] Para um maior desenvolvimento desse aspecto, ver meu livro *Religion and Self-Acceptance*. Lanham, Md., University Press of America, 1980. pp. 7-24.

Todos nós já tivemos a experiência de ouvir indivíduos altamente inteligentes e de ler livros muito instrutivos. Com freqüência, admitimos que o brilhantismo de uns e outros equipara-se à veracidade, razão pela qual às vezes não conseguimos fazer maiores questionamentos a seu respeito. É muito fácil sucumbir à genialidade de um argumento ou ao brilhantismo de uma idéia. Se, porém, nosso senso crítico estiver suficientemente desperto, perceberemos que, como diz Bernard Lonergan, "nem toda idéia brilhante é uma idéia verdadeira". Cabe indagar sempre se as "idéias brilhantes" são consistentes com a realidade. Devemos atender ao imperativo de nossa mente que diz: "Seja crítico. Não se detenha na simples compreensão". A ciência talvez seja o exemplo mais manifesto dessa necessidade de colocar à prova o discernimento hipotético por meio de questões críticas.

Novamente, uma breve reflexão sobre nossa própria experiência será suficiente para que percebamos quão difícil, por vezes, é seguir esse imperativo crítico e desvencilhar-nos de uma compreensão falaciosa ou superficial. É o que ocorre com nosso conhecimento acerca dos outros e da realidade em geral, mas sobretudo no que diz respeito ao autoconhecimento. Como o desejo de conhecer não é a única motivação, e talvez nem seja mesmo a dominante, em nossa vida consciente, a qualquer momento, podemos com facilidade seguir algum outro impulso para construir auto-imagens que pouco têm a ver com o que realmente somos. E podemos achar essas auto-imagens fictícias tão atraentes a nosso desejo de poder, de satisfação ou de reconhecimento, que nos desviamos e acabamos não atinando com o discernimento apropriado em nós mesmos.

A propensão que temos ao auto-engano é uma das características mais interessantes e mais filosoficamente perturbadoras de nossa natureza humana. Por que seres conscientes cujas questões constantemente revelam um desejo subjacente de conhecer como um aspecto inerradicável de sua consciência hão de ter também a propensão de reprimir esse desejo de conhecer quando este busca o autoconhecimento?

Pelo menos parte da razão para a fuga do discernimento interior consiste no fato de que, além do inerradicável desejo de conhecer, também carecemos de aceitação e de aprovação. E por vezes parece que nos dispomos a pagar praticamente qualquer preço pela alta consideração de "outros" significativos. Chegaremos ao ponto de negar até aqueles aspectos de nossa vida e de nosso caráter que supostamente não contam com a aprovação alheia. Dissimularemos então esses traços "inaceitáveis", não apenas de tais pessoas, mas também de nós mesmos. O auto-engano sobrevém quando, ao tentar satisfazer os critérios de valor estabelecidos por nosso meio social imediato, alguma parte de nós simplesmente não consegue ajustar-se aos padrões. Então, em vez de admitir que haja em em nós um componente "não-socializado", freqüentemente negamos sua presença e fingimos encaixar-nos confortavelmente no círculo traçado pelas condições familiares, nacionais, acadêmicas, eclesiásticas ou outras condições sociais de auto-estima. Mas a face "inaceitável" de nosso eu não desaparece pura e simplesmente, e nosso interesse latente pela verdade fragilmente tenta conferir-lhe reconhecimento expresso. Todavia, nossa necessidade de aprovação imediata leva-nos a tomar drásticas medidas internas, no intuito de mantê-la à margem da consciência explícita. Desse modo, nosso puro desejo de conhecer entra em conflito com nosso desejo de aceitação quando o campo de conhecimento a ser explorado é o do eu, no contexto das condições sociais de valor pessoal. Esse estado de cisão leva-nos a imaginar, então, se realmente podemos encontrar a verdade sem abdicar de nosso desejo de aprovação alheia.

Estarão esses dois desejos – o de aceitação e o de verdade – fadados a um eterno combate mútuo, ou não haverá algum meio pelo qual se possa reconciliá-los? Haverá alguma possibilidade de coexistência entre a necessidade de ser amado e a necessidade de conhecer a verdade?

Alguns filósofos, antigos e modernos, perderam a esperança nessa união. Segundo eles, se seguirmos honestamente nosso desejo de verdade, haveremos de admitir que, em última instância, a realidade em si nos é ou hostil ou indiferente. Expõem sobretudo o sofrimento e a morte como evidências de que, em derradeira análise, não importamos.[70] Admitem que temos um profundo anseio de afeição e de amor, mas recomendam que cheguemos a algum acordo entre a exigência de aceitação e a opacidade definitiva da "realidade" a tal desejo. Essa concepção pode ser chamada de "absurda" por perceber uma brecha irracional no cerne da realidade a cindi-la, dualisticamente, em dois elementos incomensuráveis: a consciência humana, com seu desejo de aceitação, de um lado, e o universo, que se recusa a satisfazer esse desejo, de outro. A incongruência entre essas duas dimensões da realidade, ou seja, entre o

---

[70] Por exemplo, FREUD, Sigmund. *Civilization and Its Discontents*. Trad. para o inglês: James Strachey. New York, W. W. Norton & Co., 1962 [ed. bras.: *O mal-estar na civilização*. Rio de Janeiro, Imago, 1972]; CAMUS, Albert. *The Myth of Sisyphus and Other Essays*. Trad. para o inglês: J. O'Brien. New York, Vintage Books, 1955 [ed. bras.: *O mito de Sísifo*. Trad. Mauro Gama. 3. ed. Rio de Janeiro, Guanabara, 1989.]

homem e o universo, significa que a realidade como um todo não faz sentido. É absurda.[71]

Cabe perguntar, então, se nossa profunda necessidade de auto-estima jamais poderá ser atendida enquanto nosso senso de realidade for absurdo. É pertinente indagar ainda se nosso desejo de conhecer pode realmente vir a aflorar como força motivacional dominante em nossa vida se de fato acreditamos que o universo nos é radicalmente avesso. A réplica absurda é que a hostilidade do universo para conosco é a ocasião para que exercitemos uma honestidade e uma coragem que nos darão um senso ainda mais profundo de auto-estima do que a hipótese de um universo beneficente. Enfrentar o desafio de viver sem esperança requer heroísmo e, portanto, permite que nos sintamos melhor em relação a nós mesmos, na medida em que arrostamos corajosamente o insuperável desafio de um universo absurdo. Dessa forma, sendo sinceros com nós mesmos, não há necessidade de um contexto último ou transcendente de amor. Não precisamos senão buscar força interior para "enfrentar os fatos".

A interpretação trágica ou absurda, segundo a qual nossa coragem provém apenas de nosso "interior", é uma posição que se arroga como a única interpretação honesta dos fatos da existência humana. Seu aparente heroísmo e honestidade fizeram da visão trágica uma concepção atraente para muitas pessoas ao longo dos séculos. Superficialmente, parece uma postura exemplar de acatamento do desejo de verdade, por mais dura que seja. Em uma primeira análise, essa interpretação "trágica" parece evitar o auto-engano e encarar a verdade renunciando à necessidade de amor, de aprovação e de aceitação. O eu pode subsistir em perfeita lucidez quanto à situação do mundo, sem o apoio do universo ou mesmo de outras pessoas.

Analisada mais de perto, no entanto, a própria alternativa trágica, ao negar a dependência e a interdependência fundamentais de todas as coisas, conduz ao auto-engano. Parece faltar com a absoluta honestidade à medida que deixa de reconhecer a necessidade de fontes de coragem para além do próprio heroísmo individual. O herói trágico que proclama a absurdidade do mundo insurge-se corajosamente contra a pretensa hostilidade do universo ou da sociedade, postura que amiúde explica o apelo que os heróis trágicos exercem sobre

---

[71] A mais explícita formulação de uma perspectiva "absurda" é dada na obra camusiana *O mito de Sísifo*.

nossas tendências rebeldes interiores. Mas o herói absurdo esquece do aval que nossa coragem recebe do ambiente que nos rodeia, e nesse ponto é que principia certa desonestidade.

Não se trata simplesmente do fato de que qualquer um de nós, como indivíduo, pode constituir o fundamento autônomo da própria coragem. Todos estamos organicamente atrelados ao universo em muitos níveis: físicos, químicos, biológicos, psicológicos e sociais. Nossa interdependência orgânica com a natureza e com as demais pessoas torna suspeita a concepção segundo a qual "eu" sou a única fonte de minha coragem, e o universo é fundamentalmente adverso a mim. Nenhum de nós vive nesse esplêndido isolamento ou sem a cooperação de muitos níveis de interdependência e sem diversas conexões vitais com o ambiente que nos dá sustentabilidade. A coragem que nos confere um senso de auto-estima decorre de nossa (geralmente inconsciente) participação nas fontes imediatas de poder ou em "objetos de transferência" cujo lastro encontra-se para além deles próprios. A absoluta honestidade exige o reconhecimento de todas as fontes de poder que energizam nossa coragem.

O pensamento trágico, por mais sedutor que possa ser em seu apelo que faz ao heroísmo, não leva totalmente em conta as condições ambientais de extração natural e social (sem mencionar a transcendente) que tornam o heroísmo possível, em primeiro lugar. Por conseguinte, não acho que a visão trágica ou absurda responda se a necessidade de ser amado pode coexistir com a necessidade de ser honesto, já que parece haver um elemento básico de falta de sinceridade, ou pelo menos de lucidez, na visão trágica ou absurda da existência humana.

Existe, portanto, algum meio racionalmente concebível pelo qual nosso desejo de verdade poderia coexistir ou até mesmo lastrear nosso desejo de ser aceito e amado? Ou devemos antes aceitar o compromisso trágico como o melhor de que se dispõe?

Gostaria de propor uma outra solução hipotética para o problema que nos ocupa. Suponhamos que no âmago da realidade, em sua dimensão de futuridade, no horizonte último de nossa busca de liberdade, de beleza e de verdade, encontre-se uma aceitação, uma aprovação, um amor que é *incondicional*, que não nos impõe nenhuma condição de valor, mas oferece plena aceitação, independentemente de preenchermos alguns desses critérios em nossas ações e em nosso caráter. Suponhamos que o contexto último de nossa vida, como distinto de nossa ambiência social e natural imediata, seja o amor incondicional. Na hipótese de que exista essa dimensão amorosa última da realidade, não possibilitará ela a solução de nosso dilema? Não seria uma aceitação capaz de abarcar todo e qualquer aspecto de nosso eu, até mesmo aqueles que parecem inaceitáveis a nosso meio social imediato?

Se nos imaginarmos vivendo no contexto de uma aceitação que não nos impõe nehuma condição valorativa para conceder-nos aprovação e apoio em nossa existência, precisaríamos ocultar o que quer que fosse de nós mesmos? Careceríamos da máscara do auto-engano para fazer por merecer a aceitação a que aspiramos? Um contexto como esse eliminaria a necessidade de auto-engano fundada na obsessão pela aprovação alheia, pois a consideração positiva que buscamos nos seria atribuída em qualquer caso. Nessas circunstâncias, não teríamos por que nos ajustar a nenhum padrão específico de expectativa cultural a fim de obter a aceitação e o amor que buscamos. Em um ambiente hipotético como esse, nossa auto-estima seria um dom, e não algo que fizéssemos por merecer. Nessas coordenadas, o auto-engano seria desnecessário, pois não haveríamos de nos esforçar por satisfazer condições impossíveis para ser amados. Igualmente desnecessário seria todo e qualquer ajuste entre a necessidade de aceitação e o desejo da verdade. Ambas as exigências seriam simultaneamenrte satisfeitas.

Haverá, contudo, um ambiente como esse? Ou não será essa hipótese um arrematado exemplo de nosso amor às ilusões e de nossa aversão à rude verdade acerca do universo e de nós mesmos?

Essa hipótese de um contexto último de aceitação incondicional de nossa vida é uma resposta (especificamente religiosa) às perenes e irreprimíveis questões de compreensão: como é a realidade? Com que modalidade de universo estamos lidando? Qual a essência das coisas? A "hipótese" de uma profunda dimensão incondicionalmente amorosa da realidade representa uma clara alternativa à trágica visão de que a realidade é absurda. No entanto, como vimos, nosso desejo de conhecer não se satisfaz com meros discernimentos ou hipóteses. Por tal razão, suscita um segundo tipo crítico de indagação que tem por objetivo verificar se a realidade efetivamente corresponde, afinal, a nossos modelos hipotéticos ou se tais modelos não passam de boas idéias sem nenhuma aderência à realidade. Quando confrontado com a "hipótese" de que a realidade em sua dimensão profunda é amor incondicional, nosso desejo de conhecer a verdade suscitará imediatamente a seguinte questão reflexiva: será o amor incondicional uma realidade, ou talvez não seja senão uma ilusão criada por nosso profundo desejo de aprovação, e projetada sobre um universo indiferente? É razoável que nos comprometamos com a "hipótese" religiosa (se me for permitido empregar esse tosco e impróprio termo) de que somos incondicionalmente amados? Em outras palavras, esse compromisso corresponde a nosso inextirpável desejo de verdade ou é contraditório a ele? Admitido isso, seria agradável se vivêssemos em tal universo de confiança rodeado de amor irrestrito. Mas não podemos deixar de perguntar se tudo isso não seria bom demais para ser verdade.

Qualquer tentativa de arbitrar essa problemática como se se tratasse de mais uma questão de investigação científica ou lógica seria evidentemente inócua. Simplesmente não conseguimos fazer com que nossas mentes limitadas abarquem a totalidade cuja natureza última estamos tentando entender e da qual nossa mente é ela própria, afinal, apenas um fragmento. A tentativa de uma parte no sentido de compreender a totalidade na qual se integra está fadada ao fracasso. Dessa forma, ao procurar saber se a "hipótese" de amor incondicional corresponde à realidade, temos de buscar uma via alternativa à verificação direta.

Penso que dispomos de um método "indireto" para verificar a condição de verdade da confiança religiosa na aceitação incondicional. Podemos perguntar se a confiança de que somos incondicionalmente amados promove ou frustra nosso desejo de conhecer que é, ele próprio, de todo avesso às ilusões e cujo único interesse é a verdade. O critério mais profundo de verdade, como vimos, é a fidelidade a nosso desejo de conhecer. Por conseguinte, cada um de nós pode perguntar se a confiança em que a profundeza da realidade é nossa aceitação incondicional representa uma atitude que fomenta nosso desejo de conhecer ou se talvez impeça essa intenção inata do desejo fundamental de verdade. Se essa confiança estimula nosso desejo de dissipar as ilusões acerca de nós mesmos, dos outros e do universo, então é fiel ao desejo de conhecer e, portanto, satisfaz nosso critério fundamental de verdade (que é a fidelidade ao desejo de conhecer). Se, por outro lado, nos convencemos de que esse tipo de confiança é um impedimento para o livre curso de nosso desejo de verdade, então devemos repudiar essa confiança por ser ela própria ilusória, infiel a nosso desejo de conhecer. Esse, no entanto, é um tipo de verificação indireta a que cada pessoa deve proceder por conta própria.

Quanto a mim, argumentaria que uma confiança em nosso "suposto" contexto último de aceitação incondicional liberaria um desejo de verdade, em vez de entrar em conflito com ele, e, portanto, seria consistente com a racionalidade

O QUE É DEUS?

(se por racionalidade entendermos o seguimento de nosso desejo de conhecer, mesmo quando outros desejos tentem desviar-nos da verdade). A crença de que o universo, em sua profundidade, é em última instância amoroso constitui uma representação da realidade que se funda no desejo de conhecer e com ele se coaduna, configurando, portanto, uma fiel postura de consciência a assumir. Na realidade, chegaria mesmo a reiterar que é a *única* matriz hipotética que pode conferir plena sustentabilidade a nosso desejo de conhecer na medida em que procura desenredar-se dos demais desejos e da forte tentação de auto-engano. É possível que uma confiança que nutre o desejo de conhecer (o qual, por definição, não pode assentar-se em ilusões) esteja em conflito com esse mesmo desejo? Eis uma questão filosófica que gostaria que o leitor ponderasse. Em outras palavras, é possível que nossa confiança em um horizonte último de amor incondicional seja ilusória, se tal confiança promove os interesses de nossa paixão pela verdade ao eliminar a necessidade de um auto-engano que, por sua vez, nos leva a distorcer nossa compreensão dos outros e da realidade em si?

A única alternativa a uma visão religiosa de aceitação incondicional última é a concepção segundo a qual a realidade só nos oferece aceitação condicional, na melhor das hipóteses. Pode-se conceber, entretanto, que essa última alternativa seja uma fiel interpretação de nossa situação? Decidir-se por um amor meramente condicional, um amor cuja contrapartida é sempre temor à rejeição, na hipótese de descumprimento das condições, é contrapor-se a um desejo de verdade a respeito de nós mesmos. É que nesse caso inevitavelmente haveremos de urdir concepções ilusórias acerca de nós mesmos a fim de combater o medo da rejeição dos outros, que nos impõem condições para aceitar-nos. O desejo de amor incondicional, no entanto, coincide com nosso (talvez reprimido) desejo da verdade a nosso respeito. E, se pudéssemos ser fiéis a respeito de nós mesmos, há boas chances de que seríamos mais fiéis à compreensão que temos dos outros e do mundo em si.

Logo, a hipótese de um universo fundado no amor incondicional não precisa ser encarada como projeção. Em contrapartida, a própria visão "trágica" segundo a qual o universo nos é realmente hostil pode ser interpretada como uma projeção enraizada em uma percepção distorcida e irrealista de nós mesmos como em última instância não amados. Por outro lado, um compromisso com a visão de que o contexto último de nossa existência é incondicionalmente acolhedor pode alentar nosso desejo da verdade e, desse modo, conjurar a tentação de que nos decidamos pela projeção ilusória. Sem essa confiança, em virtude da profunda necessidade de aprovação que sentimos, nosso desejo de verdade será reprimido toda vez que percebermos traços de nosso caráter que pareçam inaceitáveis.

Entre quatro paredes, peça teatral de Jean-Paul Sartre, retrata três personagens confinados em um "inferno" fechado cuja punição consiste em ver a própria vida e ações passadas dolorosamente expostas aos outros. De "má-fé", cada qual tenta ocultar a verdade dos próprios atos e da própria vida, não apenas dos outros dois, mas também de si mesmo. A peça é uma impressionante representação filosófica e dramática da tendência humana ao auto-engano e da dor envolvida no autodesvelamento. Já praticamente ao final da trama, os personagens ainda tentam escamotear sua verdadeira identidade, ocultando-se na aprovação superficial recíproca. No entanto, a presença do terceiro parceiro interpõe-se dolorosamente e rompe esses vínculos que os personagens procuram estabelecer a partir do auto-engano. A presença do outro constitui, portanto, um "inferno" do qual não há saída.

A peça de Sartre, a exemplo de toda a sua filosofia, fala eloqüentemente da futilidade do auto-engano. Entretanto, nem a peça nem a filosofia trágica oferece qualquer "solução" para essa problemática humana universal da "má-fé". Não se pode deixar de observar, ao longo de todo o texto de *Entre quatro paredes*, por exemplo, a absoluta ausência de qualquer indício de aceitação incondicional que por si só possibilitaria a emergência da fidelidade a si mesmo. Quando um personagem "aceita" o outro, é apenas uma parte superficial, e não a totalidade da pessoa, que obtém aprovação. E, como facilmente podemos observar com base em nossa própria experiência, o sentimento de que só se é aceito em parte, e não como totalidade, é o que nos conduz ao auto-engano em primeiro lugar. Portanto, devemos examinar seriamente a possibilidade de que o desejo de verdade, a começar pela verdade acerca de nós mesmos, seja simultaneamente a busca de um ambiente de aceitação incondicional, no qual nos sentiremos à vontade para reconhecer *todos* os aspectos de nossa vida e de nossa identidade.

É axiomático que uma percepção distorcida de si mesmo provavelmente redundará na deturpação da identidade dos outros e da natureza da realidade como um todo. Se esse axioma carece de fundamento "empírico", podemos encontrá-lo prontamente na psicologia. Os diagnósticos de doença psíquica e de incapacidade de relacionamento com os outros ou com a "realidade" geralmente apontam os distúrbios de autopercepção do paciente como a causa da enfermidade. Dessa forma, o restabelecimento do senso de realidade deve principiar pela eliminação desses distúrbios da autopercepção. Não é por acaso que esse procedimento só se verifique quando o paciente aprende a aceitar-se. Também não é mera coincidência que a auto-aceitação ocorra mais prontamente quando o paciente é colocado em uma situação terapêutica que lhe permite resgatar certas dimensões de seu eu que foram reprimidas em virtude do temor à desaprovação por parte de um meio social primevo e mais restrito. Conseqüentemente, a evicção do auto-engano tornar-nos-ia disponíveis a um relacionamento mais franco com os outros e com o universo. Quando o filtro deformador que construímos na tentativa de recalcar certas dimensões de nossa própria identidade se desmantela, podemos enxergar mais acuradamente o outro e o mundo como um todo. A "verdade" acerca da realidade como tal torna-se então mais transparente a nós quando os véus da falsidade são removidos da autoconsciência.

Como vimos no capítulo III, nosso desejo de aprovação incondicional (infinita) geralmente se projeta sobre objetos de transferência que se encontram a nosso alcance e que esperamos possam proprocionar-nos a realização almejada por nós. Também fizemos referência à natureza em última instância ilusória dessas transferências. Agora podemos especificar mais precisamente a raiz dessa desilusão. Consiste simplesmente na incapacidade de nossos objetos de transferência em proporcionar-nos a aceitação incondicional de que carecemos a fim de encontrar a verdade. Essencialmente, o desapontamento consiste no não estabelecimento de uma relação apropriada com a verdade. Mas só um ambiente de aceitação incondicional pode configurar o contexto para essa relação. Por conseguinte, parece-me que uma fidelidade ao desejo de conhecer, ou seja, uma veracidade fundamental, assenta em um compromisso de confiança com nossa "hipótese". E na vivência da conexão íntima entre a confiança no amor incondicional e a libertação do desejo de conhecer com base nas inúteis ilusões a respeito de nós mesmos e do universo temos uma "verificação" indireta da veracidade da "hipótese".

Essas observações, portanto, devem levar-nos a verificar mais de perto o possível valor de "verdade" dessas convicções religiosas, segundo as quais nossa vida é efetivamente circundada por um ambiente último de amor incondicional. Devem igualmente chamar nossa atenção para os elementos dessas mesmas tradições que parecem proclamar uma "realidade última", que é apenas condicionalmente acolhedora.

Como procurei argumentar, a convicção de ser incondicionalmente amado pode ser chamada de verdadeira porque nutre o único desejo em nós que busca a verdade. Essa convicção promove e fomenta nosso desejo de conhecer. No espírito da convicção religiosa de que o perfeito amor afugenta o temor, permite que esse desejo penetre primeiro e recupere dimensões do eu que se haviam ocultado no medo. O sentimento de ser incondicionalmente amado dissipa o terror costumeiro que acompanha nossos desejos e libera a paixão humana para buscar a única verdade que acarreta a verdadeira liberdade. O sentimento de ser incondicionalmente amado libera o cerne do *eros* humano ao sobrepujar o medo que de ordinário o arrasta para os becos sem saída da frustração. O sentimento de ser incondicionalmente amado liberta nosso desejo de conhecer, de modo que possa perseguir sua meta irrestrita, a verdade. Concluiria, então, dizendo que a busca do amor incondicional é também uma busca da verdade e de modo algum uma ilusória evasão da realidade.

O nome dessa verdade que coincide com o amor incondicional é Deus. Essa verdade é o que a palavra "Deus" significa. Se essa palavra se lhe afigura pouco significativa, que o leitor então a traduza, e fale do objeto último de seu desejo de conhecer. Para tanto, é provável que se veja forçado a esquecer muitas das coisas que aprendeu a respeito de Deus, talvez até mesmo essa própria palavra. Pois, se sabe que Deus significa *verdade*, a afirmação que faz desse horizonte último não pode, por definição, ser uma quimera, já que o desejo de verdade dissipa todas as ilusões. Se identifica "Deus" com o horizonte irrestrito de verdade e de amor a que tende seu desejo de conhecer, o leitor não carece temer que sua crença seja uma projeção racionalizada do desejo. Se o desejo de Deus encontra-se na raiz do desejo de verdade, então esse desejo será incapaz de procurar refúgio nas ilusões ou na mera racionalização. O desejo de Deus coincide com nosso desejo de verdade. Uma quinta maneira de pensar a respeito de Deus, portanto, é conceber o horizonte de verdade que continuamente ativa nosso desejo de formular questões, sem nos dar trégua enquanto a ele não nos rendemos.

Vale fazer uma observação final acerca dessa verdade, que é o objetivo de nosso questionamento. Em última análise, a verdade é um *mysterium tremendum et fascinans*. Como ocorre no caso do "sagrado", dele nos ocultamos ao mesmo tempo em que o buscamos. Sabemos que a verdade dói, mas também intuímos que só ela pode estabelecer um sólido fundamento para nossa vida. Sugeri aqui que a verdade, a profundidade, a futuridade, a liberdade e a beleza máximas a cujo enlace somos constantemente convidados consistem em um amor incondicional. E talvez esse amor seja o *tremendum* de que fugimos, tanto quanto o *fascinans* que nos promete a plena consumação. Será possível que nossa fuga da profundidade, da futuridade, da liberdade, da beleza e da verdade seja, em última análise, uma fuga do amor?

A ausência de Deus

A própria noção de desejo implica a falta ou a ausência daquilo que se deseja. Se de fato possuíssemos aquilo que desejamos, não poderíamos desejá-lo. A posse de alguma coisa elimina o anseio que dela se tem. Ao mesmo tempo, no entanto, não poderíamos desejar algo a menos que sua presença já estivesse "no horizonte", por assim dizer. Se tal coisa estivesse totalmente e em qualquer sentido fora de alcance, não poderíamos de maneira alguma almejá-la. De certa forma, o desejo é ativado pela *presença* a nós daquela ausência que desejamos.

O paradoxo da suspensão entre ter e não ter é a condição mesma que nos permite formular questões e buscar a verdade. A formulação de uma questão é possível porque ainda não sabemos a resposta. Se soubéssemos a resposta, não faríamos a pergunta em primeiro lugar. Apesar disso, temos de saber algo a respeito daquilo por que estamos nos indagando, a fim de poder nos interrogar a seu respeito. A verdade que nossa questão está buscando tem de estar "ausente" para que a busquemos. Ao mesmo tempo, contudo, nossa consciência há que situar-se no horizonte da verdade para que por ela nos perguntemos. Em outras palavras, nossa mente já deve mobilizar-se em um campo específico de conhecimento e ser influenciada pelos objetos nesse campo, a fim de que nos indaguemos a respeito do que se encontra no horizonte. Por exemplo, não posso perguntar seriamente se uma equação específica foi formulada com exatidão, a menos que minha mente já se esteja movendo no horizonte da matemática. E não estaria interessado em perguntar se as teorias de Einstein são realistas, a menos que já estivesse influenciado, pelo menos em certa medida, pelo campo da física moderna.

Tampouco poderia desejar seriamente a verdade acerca de mim mesmo, dos outros e do mundo, a menos que o horizonte de verdade já houvesse cingido minha consciência. O fato de que a verdade não se nos impõe, de que não coage nossa consciência, é rico de implicações para a espinhosa questão suscitada tanto pelos que crêem como pelos que não crêem: por que Deus parece tão ausente e invisível no contexto de nossa experiência comum? Pois, se estamos identificando o divino com a verdade, uma simples reflexão sobre nosso relacionamento com a verdade pode ajudar-nos a entender e "tolerar" a ausência de Deus. A "ausência" da verdade, sua discrição, é uma ausência necessária, caso deva funcionar como o critério de nosso conhecimento. Se devemos ser alimentados pela verdade, em vez de submetê-la ao capricho de nossa própria fantasia, então temos de permitir que a verdade seja um horizonte que nos abranja, e não uma série de objetos sobre os quais possamos nos arrogar como especialistas. Uma outra maneira de formular essa questão é dizer que devemos subordinar nosso desejo de poder, e quaisquer outros desejos tenazes, a nosso desejo de conhecer a verdade. É que esse último desejo é essencialmente uma aspiração não de possuir, mas de ser possuído pelo reino do verdadeiro. Em última instância, é desejo de uma união cuja melhor metáfora é o amor interpessoal. Isso significa que não devemos procurar tornar a verdade inteiramente "presente". A obsessão com a presença "absoluta" é na raiz uma vontade de controlar. A verdade, para permanecer a verdade e não uma posse, não pode ser controlada ou manipulada de sorte a tornar-se inteiramente manifesta nos estritos limites do presente. Se a intangibilidade, a profundidade ou a "futuridade" nos parecem intoleráveis, pode ser porque nosso profundo impulso de dominação prevalece sobre nosso desejo de ser capturado pela verdade.

Se apropriadamente identificarmos Deus com a verdade, esse procedimento poderá ajudar-nos a aceitar a inevitável ausência de Deus da esfera dos objetos suscetíveis de dominação.

A religião

A religião pode ser concebida então como a decisão consciente de mover-se no interior da verdade. É uma repulsa à profunda tentação de fazer da verdade o objeto de nossa vontade de dominar. É uma rendição à verdade como *mysterium tremendum et fascinans*, o único em que se apóiam nossa liberdade e nossa realização. A religião é uma constante conversão à dimensão do verdadeiro que transcende o mundo cotidiano do medo e todas as ilusões que no medo se fundam. Onde quer que haja um sincero desejo de verdade acerca de si próprio, dos outros e do mundo, aí se encontra a autêntica religião, mesmo que não atenda por esse nome. A religiosidade desse desejo de verdade consiste em uma

O QUE É DEUS?

confiança fundamental na inteligibilidade última da realidade sem a qual não teríamos a coragem de formular indagações e de buscar a verdade. Essa confiança na inteligibilidade da realidade adquire expressão simbólica nas tradições religiosas específicas, e esses símbolos têm por função fortalecer nossa confiança fundamental na inteligibilidade da realidade. Como a todo momento somos confrontados por absurdidades que procuram erodir nossa confiança, sentimos uma constante e irresistível necessidade de restabelecer nossa capacidade de acreditar. O propósito das "religiões" é representar simbolicamente a confiabilidade da realidade,[72] e reparar nossa fraturada confiança na inteligibilidade da realidade. Em virtude dessa restauração, a religião promove os interesses de nosso desejo de conhecer. Esse desejo de conhecer simplesmente não poderá aventurar-se na busca de seu objetivo se estiver ausente uma convicção medular de que o universo é inteligível.

Podemos dizer mesmo que a religião, da perspectiva da consciência e da aspiração humanas, tem suas origens essencialmente no desejo da verdade. Com isso não se pretende negar, evidentemente, que a vida religiosa concreta também seja ambiguamente carregada de imagens enraizadas em muitos de nossos outros desejos, e que há "desejos" em todas as pessoas religiosas que interferem no desejo puro da verdade. É possível até que o que se passa com freqüência com a religião, na perspectiva da ciência social, seja de todo contrário à representação normativa que aqui faço. Frisaria, porém, que a religião se origina *essencialmente* do desejo de conhecer. O núcleo da religião é uma paixão intransigente pela verdade.

De fato, essa concepção de religião não se coaduna com a que é geralmente exposta nos escritos de psicólogos, historiadores, sociólogos e filósofos, para os quais a religião é uma ilusão. Entretanto, estou me referindo aqui ao que considero essencial à religião, e não a suas perversões acidentais. Não há dúvida de que os críticos estão corretos em suas avaliações negativas do que consideram ser religião. Existe, de fato, muita manipulação imatura e desejo pueril a sustentar as ilusões em boa parte da vida religiosa concreta. Por sob esses desvios acidentais, no entanto, o cerne da consciência religiosa é, como diz Whitehead, uma "penetrante sinceridade". E meu objetivo neste livro foi apresentar apenas os elementos essenciais da religião, evitando deliberadamente deter-me em seus aspectos mais sombrios.

---

[72] SCHUBERT, Ogden. *The Reality of God*. San Francisco, Harper & Row, 1977. p. 34.

CONCLUSÃO

O MISTÉRIO

A forma mais importante de responder à questão "O que é Deus?" é, sem dúvida, afirmar que Deus é essencialmente *mistério*. Para muitos fiéis, o termo "mistério" é consonante com a profundidade, o futuro, a liberdade, a beleza e a verdade a que fiz alusão neste livro. E, indubitavelmente, para muitas dessas pessoas o termo "mistério" é mais religiosamente apropriado do que qualquer das cinco noções por mim utilizadas aqui. Para Rudolf Otto, *mysterium* era a essência mesma do sagrado, e a reflexão teológica não pode abandonar o uso do termo "mistério" mais casualmente do que a palavra "Deus". A noção de mistério é indispensável a nosso discurso sobre o divino.

Dessa forma, devemos retomar essa palavra "mistério" ao final de nossas tentativas evidentemente insatisfatórias de verbalizar "o quê" de Deus. Dizer que Deus em última análise é mistério constitui a derradeira palavra em qualquer reflexão adequada sobre o divino. O recurso à noção de "mistério" é essencial para ressaltar a total inadequação de quaisquer idéias que possamos formular acerca de Deus. E também é necessário para evocar em nós uma intuição cognitiva da inesgotabilidade apontada por meio de nossas cinco metáforas.

Nenhuma das cinco noções por mim empregadas pode ser substituída pela de mistério. Ao classificá-las provisoriamente, meu objetivo foi apenas proporcionar diversas vias de acesso conducentes à idéia de mistério como a designação mais apropriada para o divino. Na linguagem esotérica da teologia, pode-se dizer que meu propósito ao escrever este pequeno livro foi propiciar uma simples "mistagogia", uma "introdução ao mistério".[73] Vivemos em uma época e em uma cultura caracterizadas por um "eclipse do mistério". E a dificuldade que as pessoas têm de associar sua experiência à palavra "Deus" é em

---

[73] Ver Bacik, James J. *Apologetics and the Eclipse of Mystery.* Notre Dame, University of Notre Dame Press, 1980. pp. 3-64.

O QUE É DEUS?

grande parte uma conseqüência da falta de um senso do mistério em sua vida.[74] A mistagogia não seria necessária se pudéssemos presumir que as pessoas se acham universalmente em contato com o horizonte onicompreensivo do mistério em sua vida e no mundo que as circunda. Não haveria uma bibliografia tão vasta acerca da problemática de Deus se o mistério fosse evidente por si mesmo no âmbito de nossa experiência cultural. É que em última instância "Deus" significa mistério, e a prevalência de um senso de mistério tornaria supérfluos livros como este que o leitor tem em mãos.

Infelizmente, a dimensão de mistério, conquanto nunca esteja ausente da experiência de qualquer de nós, perdeu visibilidade por parte de nossa consciência teórica. Ainda ronda às margens de nossos envolvimentos espontâneos na vida, em nossas relações com a natureza, com as outras pessoas e com nós mesmos. E insinua-se nos símbolos e nas narrativas que conformam nossa consciência. Todavia, em um mundo no qual os métodos e as técnicas de controle da ciência tornaram-se tão predominantes, a renúncia cognitiva que tal senso de mistério requer de nós muitas vezes é subordinada a uma "epistemologia de controle".[75] Em outras palavras, o abandono ao mistério revela-se quase impossível quando se concebe o conhecimento em termos de poder. O confronto com a dimensão incontrolável do mistério geralmente nos deixa inseguros, desconfortáveis e até hostis. Esforçamo-nos por suprimir o horizonte ingovernável do mistério e por suplantar a necessidade de qualquer sujeição da individualidade a essa dimensão.

Na superfície desse eclipse do mistério, a própria possibilidade de discorrer significativamente a respeito de Deus vem-se reduzindo da mesma maneira, a ponto de quase extinguir-se. Em que pese tal situação, o mistério não pode ser de todo eliminado. Ainda funciona como o silente horizonte que possibilita toda a nossa experiência e conhecimento em primeiro lugar. Em sua humildade e discrição, não admite impor-se a nós, muito embora envolva graciosamente nossa existência e nosso entendimento, sem revelar-se óbvio. Seguimos o rumo de nossa vida habilitados, pelo horizonte de mistério, a pensar, a inquirir, a aventurar-nos e a descobrir, mas só muito raro nos damos conta explicitamente de sua presença-na-ausência que a tudo circunda ou lhe tributamos nossa gratidão por concerder-nos livre espaço para que possamos viver nossa vida. Meu objetivo aqui foi evi-

---

[74] Ibidem.

[75] SMITH, Huston. *Beyond the Post-Modern Mind*. New York, Crossroad, 1982. pp. 83, 88, 114, 134-135.

102

denciar um pouco mais essa dimensão de mistério ao atribuir-lhe nomes alternativos. Em virtude de sua natureza altamente teórica, no entanto, essa abordagem ainda nos deixa apenas no umbral do mistério. Só a própria vivência, e não a simples leitura de um livro, é que pode conduzir-nos ao reino do mistério. O máximo que qualquer livro como este pode fazer é tão-somente indicar determinada direção ao leitor. Não tem como substituir a própria experiência.

Uma introdução teórica ao mistério pode não afigurar-se necessária a muitas pessoas para as quais o termo já possui um poder simbólico suficientemente amplo para descortinar-lhes o horizonte último de sua existência. Para inúmeras outras, no entanto, a palavra "mistério", assim como "Deus" e "sagrado", também se esvaziou de poder e de sentido, ou foi de tal sorte banalizada pelo uso comum que já não evoca nessas pessoas nenhum senso aguçado da inexaurível profundidade da realidade. Para alguns, a noção de mistério tornou-se até inteiramente vazia. Por esse motivo é essencial hoje oferecer uma espécie de pedagogia do mistério. Não considero absolutamente que minhas próprias tentativas sejam adequadas, e limitei-me a apresentá-las apenas como pontos de partida para a introdução de uma pequena parte do que teologicamente se designa pela noção de mistério divino. A essa altura, portanto, pode ser conveniente falar um pouco mais diretamente a respeito da palavra "mistério" como tal, se de fato esse termo é, definitivamente, o meio mais adequado que podemos utilizar na reflexão acerca de Deus.

Mistério e problema

O termo "mistério" costuma ser confundido simplesmente como uma brecha em nosso conhecimento, um hiato temporário que possivelmente há de ser fechado à medida que a consciência científica avançar mais. Segundo essa estreita visão, com o progresso de nosso domínio intelectual do mundo, encontraremos soluções para os "mistérios" que em princípio continuam suscetíveis de resposta, embora até agora tenham-se revelado efetivamente enigmáticos. Desse modo, supõe-se que o reino do "mistério" será gradativamente reduzido, cedendo lugar à esfera do "conhecimento". Nas palavras de um renomado psicólogo, o objetivo da ciência é eliminar o mistério.[76]

---

[76] SKINNER, B. F. *Beyond Freedom and Dignity*. New York, Bantam Books, 1972. p. 54.

Quando se concebe o "mistério" nesses termos, ou seja, como lacuna a ser eliminada pelo conhecimento científico, pouco surpreende que a palavra já não seja capaz de evocar um senso religioso do *tremendum et fascinans*. É que nesse caso "mistério" é meramente um vazio que reclama preenchimento por meio de nossas realizações intelectuais, e não uma profundeza inefável que nos insta ao completo abandono. Se esse é o significado de mistério, então dificilmente se revelará adequado como designação do divino.

Em vez de mistérios,[77] no entanto, melhor seria chamar de *problemas* as lacunas de nossa compreensão e de nosso conhecimento atuais. O termo "problema" remete a um campo de desconhecimento eventualmente passível de solução pelo emprego do engenho humano. É possível que até agora não se haja encontrado a solução para um "problema", que talvez seja mesmo insolúvel à vista dos recursos de que dispomos, mas nem por isso deve ser chamado de mistério, pois se acha pelo menos na dependência de alguma solução futura. Exemplificando, uma ciência que articule as forças gravitacionais, eletromagnéticas e outras, no interior de um campo teórico unificado, por ora ainda não está disponível. No entanto, como tal ciência provavelmente surgirá em algum momento futuro, melhor seria chamar essa incerteza de "problema" do que de "mistério". Um problema, em princípio, admite solução científica, lógica ou tecnológica. Encontra-se, de certa forma, sob controle humano, e pode ser equacionado por nossos recursos intelectuais ou tecnológicos.

O mistério, em contrapartida, denota uma esfera da realidade que, em vez de reduzir-se à medida que nos tornamos mais sábios e poderosos, pode ser efetivamente experienciada como algo que se avantaja e torna-se mais incompreensível à medida que solucionamos muitos de nossos problemas científicos e os outros. O mistério é a região do "conhecido desconhecido", o horizonte que se aproxima e se afasta à medida que nosso conhecimento avança. É a arena do incompreensível e do inefável que nos conscientiza de nosso desconhecimento, do quanto ainda nos resta por conhecer. Até agora não se demonstrou que Sócrates estivesse errado ao frisar que só somos realmente sábios quando temos consciência da pobreza abissal de nossos avanços cognitivos atuais. Essa consciência da humildade de nosso conhecimento só será possível,

---

[77] Sobre a distinção entre problema e mistério, ver especialmente: MARCEL, Gabriel. *Being and Having*. Westminster, Dacre Press, 1949. p. 117.

O MISTÉRIO

no entanto, se já nos tivermos dado conta da incomensurabilidade do que resta por conhecer, ou seja, do mistério. É sensato enfatizar que esse estado de "douta ignorância" (*docta ignorantia*) só é possível àqueles cujos horizontes se expandem para além do costumeiro; em outras palavras, àqueles que começaram a experimentar o caráter mistérico da realidade.

Ao contrário dos problemas, o mistério é insuscetível de qualquer "solução". Enquanto os problemas podem ser resolvidos e, portanto, descartados, o mistério assume maior proeminência quanto mais fundo nossas questões vão e quanto mais corretas nossas respostas se tornam. O mistério manifesta-se à consciência no "limite" de nossas questões orientadas para os problemas comuns. Revela-se de maneira decisiva no ponto em que seriamente nos perguntamos pelo que pode ser chamado de "questões-limite", ou seja, questões que se situam na "fronteira" de nossa consciência comum de solução de problema.[78] Por exemplo, enquanto a ciência é dominada por problemas para os quais se espera alguma solução ou resposta definitiva, o cientista pode eventualmente surpreender-se perguntando: Afinal, por que deveria fazer ciência? Por que buscar inteligibilidade no universo? Será o universo absolutamente inteligível, como a elucubração científica parece pressupor? Nesse ponto, o cientista chega ao limite do problema e formula uma espécie de indagação que se abre explicitamente para o horizonte do mistério. Esse tipo de cogitação pode ser chamado de questão-limite, porque não chega ao âmago, mas permanece no *limiar*, na fronteira da pesquisa científica comum.

Podemos citar um outro exemplo: o campo da ética procura dar respostas a nossos dilemas morais, mas nos limites da investigação ética emergem questões do tipo: Afinal, por que importar-se com a ética? Por que ser responsável? Por que buscar a boa vida? Os eticistas podem debruçar-se sobre infindáveis exercícios de resolução de problemas, tentando decidir se tal ou qual ação praticada por determinado cônjuge constitui fidelidade ou infidelidade. A certa altura, no entanto, podem surgir questões como as seguintes: Afinal, por que deveríamos ser fiéis? Por que manter as promessas? Em sua essência, será o universo fiel ou confiável? Do contrário, por que então deveria eu preocupar-me com a fidelidade e com a manutenção das promessas? Nesse ponto, passamos do campo

---

[78] A discussão que aqui travo sobre questões-limite foi influenciada sobretudo por TRACY, David. *Blessed Rage for Order*. New York, The Seabury Press, 1975. pp. 91-118. O conceito de "questões-limite" deriva originalmente do filósofo Stephen Toulmin, *An Examination of the Place of Reason in Ethics* (Cambridge, Cambridge University Press, 1970, pp. 202-221).

dos problemas éticos para a esfera do mistério e do inexplicável. A ética não pode responder mais facilmente a essas questões-limite do que a ciência tem condições de dizer-nos por que deveríamos buscar inteligibilidade no universo.

Ainda à guisa de exemplo: a crítica literária procura determinar se essa ou aquela obra é esteticamente digna de nosso apreço. No limite da crítica literária, contudo, surgem questões que ela própria não tem como abordar: por que buscar a beleza? Afinal, por que preocupar-se com os critérios estéticos? Que é a beleza? Uma vez mais nos deslocamos do problema para o mistério.

Eis mais um exemplo: a política e outras ciências sociais perguntam-se de que maneira podemos nos preparar melhor para nossa futura vida em comum neste planeta. Mas não podem responder por si mesmas à questão-limite: Que é o futuro? Ao fim e ao cabo, por que devemos nos preocupar com o futuro?

Por fim: a lógica formula questões de natureza problemática sobre se essa ou aquela proposição segue-se logicamente de suas premissas. Mas nos limites da lógica surgem questões para as quais a lógica por si só é inadequada: Afinal, por que preocupar-se em ser lógico? Por que buscar a verdade? A que se assemelha a realidade para que possamos simplesmente presumir que devemos ser racionais na abordagem que dela fazemos? Se a realidade fosse absurda, haveria algum propósito em ser lógico ou racional?

Cada disciplina especifica-se pelos tipos de questões que suscita, pelas modalidades de problemas de que trata. Cada disciplina persegue suas questões com um grau de sucesso proporcional aos problemas que resolve. Todavia, nas fronteiras de todos os diversos campos de inquirição humana chegamos a um impasse que não podemos superar, independentemente do esforço intelectual que envidemos. Nossas técnicas de resolução de problema não nos capacitam a sobrepujar o horizonte de mistério que nos circunda descerrado por nossas questões-limite.

O lugar do mistério, e, portanto, o lugar apropriado para a introdução de um discurso especificamente religioso, são os limites de nossa indagação orientada para os problemas, quando nossa inquirição desloca-se inteiramente para um outro registro. Nesse ponto é que formulamos questões que nenhuma engenhosidade humana jamais resolverá ou "removerá". Entretanto, mesmo quando não temos condições de dar soluções definitivas a essas questões impossíveis, ainda podemos respondê-las (retrucá-las). Essa resposta é apropriadamente não uma tentativa de ignorá-las, de reprimi-las ou de eliminá-las, e sim de deixar que se apoderem de nossa consciência e nos atraiam para o mistério que se acha à espreita do lado de lá de nossos problemas. O próprio fato de formularmos questões-limite implica que o horizonte de mistério já domina nossa consciência. O horizonte do mistério interpela-nos do outro lado de nossas questões-limite e arremessa-nos para além do meramente problemático. E damos mostras de nossa propensão ao mistério quando nos encontramos formulando questões-limite. Em contrapartida, o fato de não admitirmos sequer a preocupação com essas questões irrespondíveis talvez seja o resultado de uma repressão do mistério que uma cultura erigida predominantemente sobre o ideal de poder inevitavelmente promove.

Além das questões misteriosas que surgem nas fronteiras de nossa vida intelectual, existem ainda as "experiências-limite", que nos colocam em face dos extremos de nossa vida cotidiana. O encontro com o sofrimento, com a frustração e em especial com a morte desencadeia certas questões inteiramente diversas das que "normalmente" fazemos. Experiências limítrofes interrompem o curso normal da existência humana e abrem caminho para que a dimensão de mistério, nunca de todo ausente, adentre mais explicitamente o recesso de nossa consciência. Via de regra, preocupamo-nos com "problemas" comuns da vida: como ganhar dinheiro para pagar a escola; como ser aprovado em um curso; como arranjar amigos e ter uma vida social gratificante; como seguir uma boa carreira etc. Em outras palavras, questões do tipo "como" dominam o fluxo normal de nossa existência. No entanto, há certas experiências que nos desestabilizam com o impacto e a magnitude de um naufrágio ou de um terremoto. Quando irrompem no contexto de nossa vida, experiências dessa natureza por vezes provocam uma verdadeira reviravolta em nossos esquemas pragmáticos, fazendo com que percebamos a superficialidade das questões pragmáticas do tipo "como?" ao mesmo tempo em que nos levam a formular questões do tipo "por quê?" ou de caráter último. Essas experiências profundamente desestabilizadoras suscitam indagações que se mantêm no "limite" de nossa consciência comum da vida, e podem sensibilizar-nos extraordinariamente ao mistério que em silêncio acompanha e cinge nossa existência. Quando somos acossados por essas experiências limítrofes, suscitamos questões de caráter "fundamental", talvez mais intencionalmente do que antes. É possível que a vida se reduza apenas a isso? A tragédia e a morte serão a última palavra? Haverá algum sentido definitivo para minha obra? Haverá alguma resposta para o problema do sofrimento? Talvez mais freqüentemente do que nunca, são as questões levantadas pela tragédia que nos tornam mais vulneráveis ao toque do mistério.

Apesar disso, seria equivocado dizer que o despertar de um senso de mistério é inevitavelmente contingente ao choque das experiências negativas que nos sacodem de nossa insensibilidade cotidiana. Momentos positivos e de grande exaltação podem de pronto arrebatar-nos da vida que se vive ao rés-do-chão. Muitas pessoas dão testemunho de experiências arrebatadoras que lhes abriram a porta para a dimensão do mistério, de forma mais decisiva do que qualquer transe negativo da vida. A sensação de ser profundamente amado por alguém ou de sentir-se fascinado por uma grande beleza também pode levar-nos a formular questões-limite. O amor prevalecerá? Será a beleza mera ilusão? Por que os grandes momentos não podem perdurar para sempre? Não terá a alegria algo de eterno, mesmo que a experiência que dela tenho seja apenas eventual e efêmera? Questões como essas podem sensibilizar-nos dramaticamente ao mistério e conduzir-nos a uma interpretação religiosa do universo.

No "limite" de nossa experiência comum e de nossas questões relacionadas com a solução de problemas, somos alertados para a proximidade do mistério. Sentimos que esse mistério sempre esteve intimamente presente, embora não haja se introduzido em nossa consciência explícita. Na experiência-limite e no questionamento-limite, somos confrontados com a oportunidade de fazer da dimensão do mistério o aspecto mais importante e estimulante de nossa existência.

Todavia, também somos sempre tentados, quando levados aos extremos da consciência e da experiência comuns, a fugir para o refúgio "mais seguro" da dimensão ordinária, a desviar a face do *tremendum et fascinans*. Para tanto, via de regra transformamos o mistério em problema. Trata-se da mesma manobra a que fizemos referência anteriormente ao falar da tendência que temos a deslocar nossa angústia existencial incontrolável para objetos manipuláveis de temor, de modo que dele possamos dispor de uma vez por todas. E, em essência, a iniciativa de restrigir o mistério aos limites de um problema também equivale a canalizar nossa capacidade inata de infinitude para uma obsessão com objetos de transferência que se achem à mão. Em cada caso, o resultado é não apenas uma delimitação artifical do mundo que nos circunda, mas também uma desastrosa redução do próprio eu, bem como uma negação de nossa dignidade fundamental como seres dotados de capacidade de desenvolver-se no âmbito do mistério.

É nossa abertura fundamental ao mistério que nos distingue do animal e funda a natureza autotranscendente de nossa vida. É nossa abertura ao mistério que constitui o fundamento de nossa liberdade e liberta-nos da escravidão da mera normalidade. É em virtude de nossa capacidade de mistério que experimentamos o mal-estar e a angústia que nos levam a abandonar o *status quo* e a buscar a beleza mais intensa e a maior profundeza da verdade. Em síntese, o mistério é sobretudo o que possibilita uma vida verdadeiramente humana.

Apesar disso, nossa abertura inata ao mistério amiúde é bloqueada pela obsessão que temos com o poder ou com a segurança. Por essa razão precisamos de técnicas, de vias de esclarecimento, de imagens e idéias poderosas que nos ajudem a remover os obstáculos que se interpõem entre nossa consciência e o mistério que a envolve. Dessa forma, a fim de ajudar-nos a recuperar e responder à dimensão reprimida do mistério é que as diversas religiões do mundo se estabeleceram. Via de regra, seus fundadores são indivíduos profundamente incomodados pela insensibilidade reinante para com o mistério e que por esse motivo tomaram a iniciativa de "esclarecer-nos" acerca do mistério que sempre nos envolve, embora geralmente quase não nos apercebamos disso. O objetivo a que visam é expandir nossa consciência, desafiando-nos de diversas formas a romper com os limites da consciência normal do dia-a-dia. Quer falando por parábolas, caminhando despojadamente pelas ruas de uma cidade, propondo enigmas, tematizando mistérios, profetizando, aliando-se aos párias da sociedade, quer empregando quaisquer outros recursos capazes de despertar nossa consciência, todos os grandes iniciadores religiosos procuram suplantar o controle que a normalidade exerce sobre nós, pois, mais do que qualquer outra coisa, é a normalidade que tolda o mistério da vida. Por conseguinte, esses fundadores de religiões correm o risco de ser tachados de loucos porque nos apontam as profundezas da realidade, da futuridade, da liberdade, da beleza e da verdade a que "normalmente" não estamos acostumados. Seu objetivo, contudo, não é alienar-nos da vida, mas inserir-nos mais profundamente nela. E, ao que tudo indica, a única forma de fazer isso é situando nossa vida e nossa consciência no reino do mistério que esses indivíduos percebem de maneira extraordinária.

O QUE É DEUS?

Designando o mistério

A questão, no entanto, permanece de pé: por que devemos designar esse mistério pelo nome de "Deus". Não basta simplesmente que tenhamos um vívido senso do horizonte de mistério? Será essencial que se lhe atribua algum nome específico? Penso que, no caso de alguns de nós, por causa das imagens psicologicamente mórbidas que a palavra "Deus" evoca, talvez seja melhor simplesmente não empregar esse termo. Há certas pessoas para as quais a palavra "Deus" pode representar efetivamente um estorvo para um salutar senso do mistério. A meu ver, no entanto, isso talvez se deva menos ao próprio termo do que a uma formação religiosa deficiente, ou à banalização de seu emprego no discurso político e eclesiástico com a finalidade de autojustificar-se. Quando a palavra passa a ser utilizada de maneira deformada, é melhor descartá-la – pelo menos até que seu uso volte a nos abrir para o senso do mistério.

Por outro lado, a palavra "Deus" é insubstituível na religião teísta, e não pode ser inteiramente excluída do léxico ocidental como termo que designa a dimensão mistérica de nossa existência. Além disso, a palavra "Deus", se compreendida segundo a forma simbólica e narrativa pela qual originalmente se inseriu na consciência religiosa, especifica e agrega um elemento semântico à noção de mistério que este último termo em si mesmo pode rão sugerir de imediato. Essa dimensão acrescida de significado pode ser chamada simplesmente de "gratuidade" do mistério. É para realçar o caráter de gratuidade e de autodoação do mistério que utilizamos o termo "Deus" para referi-lo.[79]

Podemos dizer que existem apenas duas grandes "verdades" que um sentimento religioso autêntico requer.[80] Todas as demais "doutrinas" religiosas derivam dessas duas verdades, e, se tivermos em mente esse fato, a religião não precisará ser uma questão tão embaraçosa ou complicada como por vezes aparenta ser. A primeira dessas verdades, como tentei mostrar, é simplesmente que nossa vida é envolvida pelo mistério. E a segunda grande verdade é que o mistério é graça. Todas as religiões tentam transmitir a seus devotos algum senso

---

[79] RAHNER, Karl. *Theological Investigations*. v. IV. Trad. para o inglês: Kevin Smyth. Baltimore, Helicon Press, 1966. pp. 67-73, e BACIK, *passim*.

[80] RAHNER (ibid.) fala de três mistérios centrais da fé cristã. Aqui, fazendo referência à religião em sentido genérico, penso que é coerente com o pensamento rahneriano falar apenas de dois.

O MISTÉRIO

de mistério, fato que por si só deveria ser suficiente para estabelecer hoje um senso de comunidade e de solidariedade entre todas as diversas tradições religiosas, mormente em face da supressão contemporânea do mistério operada por culturas erigidas com base no ideal de dominação. E a gratuidade do mistério também é afirmada por todas as tradições religiosas, cada qual a seu modo, mas com um sentimento de unanimidade de que o mistério é fidedigno e de que nossa realização depende apenas de que nos abandonemos a ele. Uma das mais explícitas formulações da gratuidade do mistério é aquela segundo a qual o mistério se doa sem reservas, com um amor que se despoja de si mesmo, ao mundo que esse próprio mistério abarca.[81] É sobretudo por causa dessa gratuidade que podemos chamar o mistério pelo nome de "Deus".

Com base nessas duas proposições, de que somos cingidos pelo mistério e de que esse mistério, referido como Deus, se doa inteiramente a nós, é possível extrair todas as demais idéias religiosas importantes. Às vezes, a religião como um todo assume configurações por demais complexas e assustadoras e, no cipoal de doutrinas e práticas a que inevitavelmente dá origem, facilmente se podem perder de vista suas duas intuições fundamentais. Naturalmente, o senso do mistério e de sua incondicionalidade há que ser mediado em formas específicas de discurso, de narrativa e de ação, correspondentes a diferentes hábitos culturais e históricos de pensamento. Dessa maneira, devemos ser tolerantes com a diversidade de religiões, e não buscar a monotonia de um formato religioso homogêneo e que abranja tudo. Em meio à diversidade das idéias e das práticas religiosas, contudo, é salutar que tenhamos em vista seu fundamento comum em uma apreciação do mistério e de sua gratuita intimidade com o universo. Quando somos capazes de divisar esses dois princípios fundamentais da religião por entre o emaranhado da vida religiosa concreta, abstemo-nos de fazer críticas levianas às idéias e às práticas religiosas alheias. Sob sua aparente peculiaridade e extravagância desnecessária, pode haver um simples e profundo senso do mistério e de sua bondade.

Ao mesmo tempo, porém, à medida que mantemos constantemente em vista essas duas "verdades", munimo-nos de critérios para avaliar e criticar a vida religiosa concreta dos outros e de nós mesmos. Pois não há dúvida de que as tradições religiosas que se originam de um encontro decisivo com o mistério

---

[81] RAHNER (ibid.). O tema do autodespojamento divino é uma das principais idéias em quase todos os escritos de Rahner.

e sua gratuidade podem elas próprias desviar-se de seus discernimentos fundacionais, contribuindo, por fim, para o eclipse do mistério. As religiões podem acabar enredando-se na busca da dominação ou da legitimação da opressão, tornando-se elas próprias um obstáculo para o senso do mistério libertador. Por esse motivo, devem ser constantemente avaliadas em consonância com os critérios do mistério e de sua gratuidade.

Tampouco nos deve embaraçar ou surpreender o fato de que a experiência humana da proximidade e da gratuidade do mistério amiúde se expresse em uma linguagem religiosa fortemente impregnada de uma imagética personalista. Muito embora o mistério não se esgote em sua representação como "pessoa", a revelação de sua interioridade a indivíduos humanos dotados de inteligência, de vontade e de sentimentos dificilmente se faria possível sem o concurso de características pessoais que guardem analogia com as desses indivíduos. É duvidoso que algo de categoria inferior ao pessoal possa inspirar-nos profundamente a acreditar e a entregar-nos. Em se tratando de pessoas, o mistério mesmo há que ser no mínimo pessoal.

É difícil encontrar a linguagem precisa com a qual interpretar o relacionamento da divina personalidade com o mistério divino. Será o mistério realmente pessoal, ou será a personalidade tão-somente uma das modalidades de projeção com as quais criativamente saímos ao encontro do mistério que nos alicia? Já admitimos que nossas religiões são inevitavelmente imaginativas e projetivas, e que existe sempre algum nível de ilusão em nossa consciência religiosa concreta, ilusão essa que se deve à infantilidade do desejo que jamais conseguimos extirpar por completo. É possível que a propensão a conceber Deus em termos pessoais ainda seja mais uma manifestação de nossa imaturidade do que uma avaliação realista do mistério inexaurível da realidade?

Sem negar que as imagens que fazemos de um Deus pessoal sempre comportam um aspecto projetivo ou que essas imagens não representam exaustivamente o mistério de nossa vida, podemos ainda considerar a "personalidade divina" como um símbolo indispensável da proximidade do mistério em relação a nós. Toda a nossa linguagem a respeito desse mistério tem um caráter necessariamente simbólico. Em virtude da inacessibilidade do mistério, não podemos discuti-lo nem direta nem literalmente. Tendemos a falar a seu respeito, se é que o fazemos, em termos daqueles lugares e eventos em que o mistério irrompe em nossa direção de maneira mais decisiva e intensa. Para a maioria de nós, a mais

112

intensa revelação do mistério provavelmente ocorra em nosso encontro com as outras pessoas. O primeiro encontro da criança com o pai e a mãe, por exemplo, é uma experiência dessa "numinosidade" tremenda que subsiste como substrato permanente de todos os nossos envolvimentos. E o encontro com uma pessoa realmente acolhedora e solícita geralmente constitui a ocasião para que experienciemos a profundidade e a incondicionalidade do mistério da vida de maneira decisiva. A própria face humana amiúde é vivenciada como profundamente misteriosa, seja quando nos causa aversão e pavor, seja quando nos alicia com seu poder de sedução. A personalidade humana com freqüência enseja a experiência do *mysterium tremendum et fascinans.*

Dessa forma, então, como a personalidade humana é especialmente transparente ao horizonte de mistério e a sua incondicionalidade, não surpreende que a imagética personalista se agarre a nosso discurso acerca de Deus. Como não raro percebemos mais nitidamente o mistério quando resplandece na vida das outras pessoas, nunca conseguimos separar inteiramente nossa experiência de Deus da experiência da personalidade. Esse procedimento, uma vez mais, equivaleria a uma redução desnecessária do mistério. A liberdade e a inviolabilidade das outras pessoas dão-nos uma idéia da inacessibilidade do mistério que é sua profundidade. Remover a face pessoal do mistério é perder o acesso a ele. Por meio da personalidade, a profundeza da realidade "revela-se" de forma tão absoluta que devemos falar de Deus em termos pessoais. Deus é a profundidade e o fundamento de toda personalidade.[82]

A proximidade do mistério

Meu objetivo neste livro foi propor cinco maneiras de responder à questão "O que é Deus?". Seguindo as idéias de alguns estudiosos modernos e influentes da religião, sugeri que podemos pensar "o quê" da divindade nos termos da metáfora do "horizonte". De entremeio, comentei que talvez os teístas se perguntem "quem" é Deus a fim de realçar aquele aspecto do divino que não pode ser expresso por meio de categorias personalistas. Minha abordagem, portanto, foi evidentemente unidimensional por haver enfatizado o horizonte transpessoal

---

[82] Evidentemente, essa formulação é de Tillich.

de nossa vida e de nossa consciência e por não ter conseguido ressaltar de que maneira Deus também pode ser concebido como sujeito pessoal que nos aborda e procura estabelecer um diálogo pessoal conosco.

A abordagem foi igualmente unidimensional ao discorrer sobre a inacessibilidade e até mesmo sobre o distanciamento de Deus em relação à esfera comum da experiência. Todavia, o tema da "proximidade" do divino também deveria ser enfatizado a fim de contrabalançar o da "ausência" de Deus. Com efeito, não há contradição entre a ausência e a proximidade de Deus, e sua ausência pode até ser entendida como essencial para a proximidade. A inacessibilidade do divino é condição necessária para sua proximidade com o mundo e com as pessoas. Por evitar a ingerência ou a imposição nos assuntos humanos e no âmbito da história, o mistério divino pode ser compreendido como instância solicitamente envolvida com a dimensão terrenal. No intuito de assegurar a própria integridade do mundo, impedindo sua fusão com o divino ou sua aniquilação em face da avassaladora "presença" divina, Deus "afasta-se" do mundo e das pessoas a fim de garantir a autodeterminação de suas criaturas. Esse afastamento, contudo, constitui não uma abdicação, e sim um autodistanciamento desinteressado e humilde que Deus opera a fim de envolver-se mais com o mundo e com as pessoas do que permitiria qualquer presença específica localizada ou objetiva. O divino deve ausentar-se justamente para poder aproximar-se. A auto-ausência de Deus é essencial para conferir autonomia ao mundo e liberdade aos seres humanos. Nesse sentido, a ausência e a invisibilidade do mistério podem ser entendidas como o reverso de sua intimidade conosco.

ÍNDICE ANALÍTICO

A

abertura ao mistério 109
abismo 16, 20, 21, 22, 24, 31, 49, 51, 71
absurdo 76, 91
aceitação incondicional 92, 93, 94, 95, 96
Agostinho, santo 45
amor 89, 90, 94, 97, 98, 99, 108
amor incondicional 91, 92, 93, 94, 96, 97
analogia 8, 42
angústia 20, 48, 50, 51, 52, 55, 59, 60, 109
angústia existencial 49, 52, 53, 54, 55, 56, 60, 108
antropomorfismo 11, 12, 13, 38
arte 51, 66, 75
aspecto transpessoal de Deus 12
aspiração 36, 73, 75, 78, 85, 99, 100
ateísmo 18, 22, 23, 32, 33, 38, 54, 64
ausência de Deus 19, 23, 35, 36, 55, 60, 70, 75, 77, 78, 79, 98, 99, 114
auto-aceitação 88, 89, 90, 96
autoconhecimento 88
auto-engano 88, 89, 90, 92, 94, 95, 96
auto-identidade 70, 72
auto-imagem 15, 88
autonomia do mundo 114
aventura 25, 79, 80, 81

B

Bacik, James 101, 110
Becker, Ernest 56, 57, 58
beleza 28, 46, 63, 64, 65, 66, 67, 68, 70, 71, 73, 74, 75, 76, 77, 78, 79, 80, 81, 85, 86, 106, 108, 109
Bíblia 72
Bloch, Ernst 30
Bowker, John 40, 41, 42
Buda 78, 81

C

Camus, Albert 21, 69, 70, 89
ceticismo 86
ciência 11, 16, 36, 45, 86, 88, 100, 102, 103, 104, 105, 106
clássicos 17, 18, 21, 84
confiança 11, 25, 35, 38, 39, 59, 86, 93, 94, 96, 100
conhecimento 23, 87, 88, 89, 98, 99, 102, 103, 104
consciência simbólica 61
consciência teórica 7
contentamento 18, 20, 24, 75, 81
conversão 25
Cooper, Thomas 67
coragem 20, 22, 23, 35, 52, 53, 54, 55, 56, 57, 58, 59, 60, 61, 91, 100

criatividade 11, 68, 70
critérios de valor 89
critérios de verdade 86
crítica literária 71, 106
culpa 20, 47, 50, 51, 53

D
Derrida, Jacques 71
desconfiança 39
desconstrucionismo 72, 73, 74
desejo 9, 37, 83, 84, 85, 86, 97, 100
desejo de conhecer 85, 86, 87, 88, 89, 90, 92, 93, 94, 96, 97, 99
desespero 31, 51
destino 19, 50, 51
Deus pessoal 11, 112
doença psíquica 95
douta ignorância 105
Dupré, Louis 64
Durkheim, Émile 39

E
eclipse do mistério 101, 102, 112
educação religiosa 25
Einstein, Albert 11, 98
epistemologia de controle 102
espera 24
esperança 22, 31, 35, 36, 37, 38, 43, 44, 54
ética 105, 106
evolução 80, 81
existencialismo 51, 52, 73
experiência 7, 8, 9, 10, 11, 31, 32, 48, 49, 50, 71, 72, 74
experiência estética 63, 64, 65, 66, 67, 70, 71, 75
experiências arrebatadoras 108

experiências-limite 107, 108

F
falta de sentido 20, 51, 53, 55, 67
fato 87
Feuerbach, Ludwig 39
fidelidade 105
fidelidade ao desejo de conhecer 93, 96
fixação da narrativanarrativa 73, 74, 81
Freud, Sigmund 10, 12, 37, 39, 56, 59, 89
fundamento da coragem 61
fundamento da liberdade 46, 60
futuro 27, 28, 29, 30, 31, 32, 33, 34, 35, 36, 44, 106
futuro absoluto 31, 32, 35, 36, 37, 38, 43, 44, 47, 81

G
Gadamer, Hans Georg 12, 13
gnosticismo 43, 44
gratificação 20, 37, 58, 83
gratuidade do mistério 111, 112

H
Haught, John 3
Heidegger, Martin 12
heroísmo 57, 90, 91
história 17, 19, 61, 62, 72, 73, 74
Homans, Peter 59
honestidade 55, 70, 90, 91
horizonte 10, 13, 19, 23, 24, 29, 30, 31, 34, 35, 37, 39, 40, 43, 46, 47, 49, 52, 53, 54, 55, 61, 62, 63, 64, 72, 84, 91, 94, 97, 98, 99, 102, 103, 104, 105, 106, 107, 110, 113
humanismo 72

ÍNDEICE ANALÍTICO

I
idolatria 57, 60, 61
Iluminismo 34
ilusão 35, 37, 83, 87, 93, 100, 112
imaginação 36, 38, 39, 40, 43
indiferença do universo 70, 93
insight 87
intenção de verdade 93

J
justiça 70
Kierkegaard, Soren 48, 83
Kohlberg, Lawrence 48

L
liberdade 28, 45, 46, 47, 48, 49, 52, 53,
    54, 55, 56, 57, 58, 60, 61, 62, 63
lógica 106
Lonergan, Bernard 14, 86, 88

M
Marcel, Gabriel 104
Marx, Karl 10, 39
marxismo 72
medo 49, 50, 52, 56, 99
Mencken, H. L. 41
mistagogiav101, 102
mistério 13, 17, 101, 102, 103, 104
mistério e problema 104, 105, 106
mysterium tremendum et fascinans 10,
    20, 29, 47, 65, 75, 97, 99, 113
mística 42
mito 8, 30, 34, 45, 67, 70, 74, 89, 90
modernidade 34, 35
Moisés 7, 81
Moltmann, Jürgen 33, 36, 37
morte 50, 51, 89, 107, 108

morte de Deus 68, 69, 70, 72, 73
Muhammad 81
mundo social 16

N
nada 20, 27
não-ser 28, 49, 50, 51, 52, 53, 54, 55,
    56, 57
narrativa 66, 67, 68, 69, 70, 71, 72, 73,
    74, 75, 78, 79, 80, 81
naufrágio 107
Navone, John 67
negação da morte 70
Nietzsche, Friedrich 10, 21, 22, 30, 39,
    70, 73
niilismo 71, 73
normalidade 109
novidade 27, 30, 81

O
Ogden, Schubert 21, 100
opção fundamental 83
oração 7
Otto, Rudolf 10, 11, 20, 101

P
percepção 76, 77, 78
Pfister, Oscar 59
poder do ser 57, 61, 107, 109
Polanyi, Michael 23
política 106
princípio de realidade 38
princípio do prazer 37, 38
profetas 84
projeção 9, 36, 38, 39, 40, 43, 56, 59,
    94, 97, 112
promessa 105
propósito cósmico 69

proximidade do mistério 108, 112, 113
psicanálise 37, 47, 56, 58, 59
psicologia 15, 30, 95

Q
questionamento 28, 86, 87, 88, 97, 108
questões de compreensão 92
questões de reflexão 87
questões últimas 26
questões-limite 105, 106, 107, 108

R
racionalidade 93, 94
Rahner, Karl 14, 31, 32, 110, 111
Raschke, Carl 43
reino de Deus 72
relativismo 86
relato 21, 42, 45, 66, 74
religião 13, 14, 16, 17, 24, 25, 26, 34,
37, 38, 39, 40, 41, 42, 43, 44, 58,
60, 62, 64, 68, 70, 72, 73, 79, 80,
81, 99, 100, 110, 111, 113
religião bíblica 7, 33
religião oriental 8
revelação 40, 41, 54, 112, 113
Ricoeur, Paul 8, 14, 20, 37, 58
Rieff, Phillip 34
ritual 8, 24

S
sagrado 10, 11, 34, 63, 64, 65, 72, 97,
101, 103
Sartre, Jean-Paul 21, 46, 47, 95
seleção natural 80
simbolismo 8, 12, 24, 25, 30, 34, 36,
37, 39, 40, 41, 42, 45, 51, 57, 60,
61, 62, 64, 100, 103, 112

síndrome do sucesso 30
Skinner, B. F. 103
Smith, Huston 102
Sócrates 104
sofrimento 24, 34, 35, 66, 67, 70, 89,
107, 108
suspeita 10, 34, 38, 39

T
Taylor, Mark 68, 69, 71, 72
teologia apofática 42
teologia negativa 8, 42
Tillich, Paul 14, 17, 18, 20, 21, 22,
24, 25, 26, 28, 32, 49, 51, 52,
57, 75, 113
Toulmin, Stephen 105
Tracy, David 105
tragédia 108
transcendentais 66
transferência 56, 57, 58, 59, 60, 91,
96, 108
Twain, Mark 39

U
universo absurdo 90

V
verdade 83, 84, 85, 86, 87, 89, 90,
91, 92, 93, 94, 95, 96, 97, 98, 99,
100, 101, 106, 107, 109
visão trágica da realidade 90, 91, 92,
94
Whitehead, A. N. 14, 65, 66, 71, 76,
77, 78, 79, 80, 100
Wilde, Oscar 21, 22
Williams, H. A. 36
Xenófanes 38

SUMÁRIO

Introdução 7

Capítulo I

A profundidade 15

    A ausência de Deus 23

    A religião 24

Capítulo II

O futuro 27

    A ausência de Deus 35

    Religião 37

Capítulo III

A liberdade 45

    A ausência de Deus 55

    A religião 60

Capítulo IV

A beleza 63

    A ausência de Deus 75

    A religião 79

Capítulo V

A verdade 63

    A ausência de Deus 98

    A religião 99

Conclusão

O mistério 101

    Mistério e problema 103

    Designando o problema 110

    A proximidade do problema 113

Índice analítico 115

Impresso na gráfica da
Pia Sociedade Filhas de São Paulo
Via Raposo Tavares, km 19,145
05577-300 - São Paulo, SP - Brasil - 2004